ODDECH

Projekt okładki
FRYCZ I WICHA

Zdjęcie na okładce
Dariusz Fedyniak

Redaktor prowadząca
Katarzyna Litwińczuk

Redakcja
Sylwia Frołow

Korekta
Anna Lisiecka

Skład
Tomasz Erbel

Wydawca
Czerwone i Czarne Sp. z o.o. S.K.A.
Rynek Starego Miasta 5/7 m. 5
00-272 Warszawa

Druk i oprawa
Toruńskie Zakłady Graficzne
„Zapolex" Sp. z o.o.
ul. Gen. Sowińskiego 2/4
87-100 Toruń

Wyłączny dystrybutor
Firma Księgarska Olesiejuk Sp. z o.o. S.K.A.
ul. Poznańska 91
05-850 Ożarów Mazowiecki

ISBN 978-83-7700-190-5

Warszawa 2015

ODDECH

Monika Jaruzelska

Warszawa 2015

ODDECH

Słyszałam pierwszy oddech mojego syna i ostatni oddech mojego ojca. Czas się domknął. Poczułam kojący smutek zrozumienia. Każda biografia, mniej lub bardziej wzniosła, każdy życiorys, zwykły i niezwykły, zaczyna się i kończy tak samo. Wszystko dzieje się między wdechem i wydechem...

Życie to nie komedia romantyczna z happy endem. Na co dzień wypieramy świadomość nieuchronnego końca swojego i najbliższych. Chcemy być jak dzieci, które wierzą, że na ostatniej stronie bajki zobaczą słowa „I żyli długo i szczęśliwie...". A przecież „życie to śmiertelna choroba przenoszona drogą płciową"[1].

To nie będzie książka o śmierci, epitafium dla zmarłego. Wręcz przeciwnie, to będzie opowieść o emocjach, których doświadczają tylko żywi. Ci, którzy mogą wziąć kolejny oddech i ruszyć dalej. Nawet jeśli jest to bardzo trudne. Bo może jest tak, jak pisała afroamerykańska poetka Maya Angelou, która zmarła trzy dni po śmierci mojego ojca – życia nie mierzy się liczbą oddechów, a liczbą chwil, które zapierają dech w piersi.

---

[1] Tę myśl wyczytał Krzysztof Zanussi na murze i wykorzystał jako tytuł filmu.

13 grudnia 2014 r.

PAPIEROSY

Trzeci miesiąc bez papierosów. Leżą przede mną w granatowym opakowaniu, cienkie marlboro. Kilka jeszcze zostało. Granatowe pudełko nie jest puste, w przeciwieństwie do zeszytów, które przygotowałam, bo mam napisać kolejną książkę. Dwie pierwsze powstały wśród błękitnego dymu, kawy i mocnego earl greya. A teraz, po chorobie, zielona herbata...

„Nie pojmuję, jak można nie palić – kto nie pali, dobrowolnie pozbawia się, że tak powiem, najlepszej cząstki życia, a w każdym razie wielkiej przyjemności! Budząc się, już się cieszę, że w ciągu dnia będę mógł palić, a przy jedzeniu znów się na to cieszę, a nawet mogę powiedzieć, oczywiście z pewną przesadą – że jem tylko po to, aby później móc zapalić”[2] – mówił Hans Castorp[3] w *Czarodziejskiej górze*.

Babcia paliła przez czterdzieści lat. Pamiętam ją z nieodłącznym papierosem, nawet gdy z dnia

---

[2] Tomasz Mann, *Czarodziejska góra*, przeł. Józef Kramsztyk, Czytelnik, Warszawa 1982.

[3] Hans Castorp mówił o cygarach. Jego ulubiona marka to Maria Mancini.

na dzień rzuciła palenie. Wciąż trzymała niezapalonego papierosa w dłoni, wkładała do ust, aby wciągnąć niewidoczny dym. Nawet czasem strzepywała nieistniejący popiół do popielniczki zapełnionej nigdy niezapalonymi, ale zgniecionymi niedopałkami.

Dzisiaj trzydziesta trzecia rocznica stanu wojennego. Coraz mniej mnie to już dotyczy. Oddycham z ulgą... Znowu piszę o oddechu. To chyba byłby dobry tytuł dla książki.

Jakaś miła pani wpisała mi się na Facebooku: „Czekamy na kolejną książkę". No właśnie, ja też. Choroba złamała coś we mnie. Przepołowiła, kazała się zatrzymać.

Zza okien dobiega:

Nie damy, by nas gnębił wróg!
Tak nam dopomóż Bóg!
Tak nam dopomóż Bóg![4]

Marsz musi już dochodzić do Belwederu. Niedługo zacznie się ściemniać. Nie wytrzymam, idę do telewizora. Ale z balkonu też dobrze widać. Rudolf zafascynowany siedzi na zewnętrznym parapecie. Bardzo uroczysty, jakby zdyscyplinowany i uwznioślony głosem posła Joachima Brudzińskiego. Nic dziwnego, Rudolf to przecież góral, więc prawdopodobnie pisior. Trzeba przyznać, że demonstracja przebiega bardzo spokojnie, godnie. W przeciwieństwie do dyskusji w TVN24, gdzie trwa program *Babilon*. Aleksandra Jakubowska, Julia Pitera, Monika

[4] Maria Konopnicka, *Rota*.

Płatek i Dorota Arciszewska-Mielewczyk. Panie się przekrzykują i kłócą nie tylko ze sobą, w pewnym momencie jedna z nich wzburzona odzywa się do prowadzącego:

– Proszę nie wkładać mi do ust!...

No właśnie, *à propos* fiksacji oralnej: ale bym zapaliła... Nie. Przypominam sobie, że przez kilka tygodni miałam problem z oddychaniem. Zamiast dymka puszczę sobie Kasię Nosowską.

Kocham ten stan
Cudowne sam na sam
Kawa i ja
Papierosy, kawa, ja
Nie ma kumpli nie ma nieprzyjaciół
Nie licząc dwudziestu w paczce papierosów
Kocham ten stan
Papierosy, kawa, ja...[5]

---

[5] Hey, *Cisza, ja i czas.*

14 GRUDNIA 2014

Budzę się z bólu, żadna pozycja nie przynosi ulgi. Posypałam się, najpierw płuca, teraz to. Wstaję, biorę coś przeciwbólowego, cholera… skończyły się pyralgina i voltaren. Ręce mi drętwieją, wszystko stało się tak nagle, znienacka. Tak jakby organizm przez ostatnie lata był w gotowości bojowej, ciągle sprawny i zmobilizowany, aż w końcu zdezerterował. Zbyt długo jechałam na oparach, silnik się zatarł. Poddał się, nie wytrzymał…

> Boli mnie głowa i nie mogę spać,
> chociaż dokoła wszyscy już posnęli,
> nie mogę leżeć, a nie mogę wstać…[6]

Siadam do komputera. Na Onecie film *Noc z generałem*. Późnym wieczorem 12 grudnia 2000 roku Teresa Torańska przyszła porozmawiać z ojcem, oczywiście na temat stanu wojennego. Tymczasem przed domem stali protestujący i zapalali znicze. Ojciec tłumaczył swoją decyzję, razem z Torańską pa-

---

[6] Maciej Maleńczuk, *Ostatnia nocka*.

trzyli przez okno na tych stojących na ulicy. Czasem kamera odwracała się od głównych rozmówców i pokazywała resztę ekipy, która siedząc przy stole, przysłuchiwała się dyskusji. Z boku stała mama, pełniąc honory pani domu. Momentami ojciec irytował się pytaniami pani Teresy... A dla mnie w tej chwili coś innego okazało się ważniejsze. Patrzyłam na zatrzymany w kadrze czas. Rodzice jeszcze tacy sprawni, a Lula taka młoda i szczupła...

Ojca już nie ma, odeszła Teresa Torańska. Zgodnie z przepowiednią ojca – mama i Lula jeszcze żyją.

15 GRUDNIA 2014

2.20. Uderzenie gorąca. To już to...? Najwyższy czas. W końcu mam pięćdziesiąt jeden lat. Czuję się, jakbym miała dziesięć więcej. Co najmniej. Ten rok jest graniczny. Tyle rzeczy się skończyło.

Rano zaczynam rehabilitację w szpitalu, potrwa trzy tygodnie. W końcu trzeba będzie napisać jakiś wesoły rozdział. Ale to już w dzień. Bo w nocy zawsze te mroczne myśli. Na dodatek przygotowuję się do wywiadu z Krzysztofem Zanussim dla Onetu. Oglądam *Spiralę, Góry o zmierzchu*. I moje ulubione *Za ścianą*. Wchodzę w nie jak w masło. Tak mi to wszystko bliskie, choćby przez te Tatry... Nie nastraja jednak optymistycznie.

Memento mori i dobranoc.

ROZMOWY NOCĄ *(2007 ROK)*

– Mamo, wstawaj, pooglądamy Animal Planet.

– Śpij, syneczku, jest środek nocy.

– Ale ja chcę popatrzeć na film o zwierzętach.

– Jest trzecia nad ranem. Jak wstaniemy, to sobie pooglądasz.

– Ja już wstałem.

– Synku, jestem nieprzytomna. Daj mi spać. Zresztą w telewizji nic nie ma w nocy.

– Dlaczego?

– Bo wszystkie zwierzątka śpią.

Cisza. Z łóżeczka Gucia słyszę miarowy oddech. Uff, zasnął. Może i mnie się uda...

– Mamo, wstawaj! Na pewno jest film o sowach!

PŁUCA

Najpierw czułam przepalenie, potem ogólne rozbicie. Zawiozłam Gucia do szkoły i po powrocie do domu musiałam się położyć. Bolały mnie stawy i było mi zimno. Po kilku godzinach wstałam, żeby odebrać syna. Stojąc w korkach, w deszczu, myślałam, że ta droga nigdy się nie skończy. Dałam Guciowi obiad, wróciłam do łóżka i zostałam tam na kilka tygodni. Z przerwami na pobyty w szpitalu.

„Na zapalenie płuc choruje rocznie około 450 milionów ludzi – siedem procent ogólnej liczby ludności świata – a liczba zgonów sięga około 4 milionów. Choć w XIX wieku William Osler nazwał zapalenie »kapitanem oddziałów śmierci«, w XX wieku chorych można było leczyć skuteczniej dzięki wprowadzeniu terapii antybiotykowej i szczepionek, wciąż jednak zapalenie płuc stanowi jedną z głównych przyczyn zgonów w krajach rozwijających się, a także wśród starszych i przewlekle chorych osób oraz małych dzieci”[7].

Podanie kolejnego antybiotyku okazało się na tyle skuteczne, że nie zdążyłam już 12 listopada świętować Światowego Dnia Zapalenia Płuc.

---

[7] Wikipedia.

LĘKI

Codziennie, wożąc syna do szkoły, mijam kościół NMP Matki Kościoła przy ulicy Domaniewskiej. Tam była odprawiona msza pogrzebowa mamy Reni. Od frontu kościoła już od lat wisi billboard z Janem Pawłem II i słynnymi słowami „NIE LĘKAJCIE SIĘ". Łatwo mówić: „Nie lękajcie się"... A test semestralny z matematyki? A kredyt we frankach? A nowotwory?

Gucio: – Mamo, czego mamy się nie lękać?

Już chyba wiem, czego boję się najbardziej. Szkoły! Klasówek i testów semestralnych ze wszystkich przedmiotów. Nieodrobionych prac domowych. Działań z niewiadomą, no i ocen oczywiście. Nie mogę spać, dopytuję Gucia, co było zadane, co będzie na teście. Wpadam w panikę, a potem w przygnębienie. Czy to moja trauma szkolna się odzywa? Patrzę na syna i jego kolegów, ile mają pracy i stresu. Po co tak? Przez program? Bo nie przez szkołę ani nauczycieli.

Moje doświadczenia z młodych lat jednak są inne. Nam było dużo łatwiej. Mniej materiału, krótki dzień szkolny, a przez to czas na zabawę. Relacje koleżeńskie, pasje i zwykłe wygłupy. A teraz szkoły jakby musiały formować przyszłych korporacyjnych stachanowców, nauczyciele też stają się niewolnikami. Bo wraz z uczniami zostali uzależnieni od systemu. Procedury, procedury, procedury. Wszystko według klucza, testy, średnia ocen obliczona przez komputer, inwigilacja przez dziennik elektroniczny oglądany każdego dnia przez rodziców. I porównywanie ocen z kolegami czy z innymi matkami. Hegemonia testu, kult rywalizacji.

„Niestety dziś zamiast uczyć, sprawdza się wiedzę. O wartości nauczyciela nie decyduje już wpływ, jaki wywiera na życie ucznia, tylko ocena, jaką dziecko uzyska na teście. A wartość ucznia zbyt często zostaje zredukowana do liczby punktów (...)”[8].

Nie chcę takiego życia ani dla dziecka, ani dla siebie. Swojej szkoły chyba tak się nie bałam. A może tego aż tak nie pamiętam? A może to dlatego, że sama wciąż nie odrobiłam swojej najważniejszej lekcji...?

---

[8] Regina Brett, *Bóg zawsze znajdzie ci pracę. 50 lekcji, jak szukać spełnienia*, przeł. Olga Siara, Insignis, Kraków 2014.

LEKI I LĘKI

– Viva pharmacy! – krzyczała przed laty radośnie moja przyjaciółka, zjeżdżając dziarsko na nartach.

Godzinę wcześniej nie miała siły nawet na to, aby zmusić się do zapięcia kurtki. Nagle mała, optymistycznie różowa tabletka sprawiła, że śnieg okazał się bielszy, a stok łagodniejszy.

„Życie z xanaxem czystym relaksem!" – brzmiało domorosłe hasło reklamowe powtarzane w kręgu moich znajomych ze świata mody. A największą wadą tego czarodziejskiego leku była jego prawie natychmiastowa skuteczność, oznaczająca uzależnienie się od pogodnego spokoju, który wywołuje. Skutki uboczne? Kto by się nad tym zastanawiał, jeśli lek czynił takie cuda.

Życie nas pogania, nie uznaje zwolnień z pracy, mniejszej wydolności lub twórczego lenistwa. Szybciej! Lepiej! Skuteczniej! Nasze codzienne wyścigi najlepiej obrazują reklamy. „Silniejszy lek od bólu". „Są rzeczy niezawodne, którym zawsze ufam". „Potrójny mechanizm działania zwalcza najważniejsze objawy przeziębienia i grypy". „Kicham na przeziębienie". „Już w porządku, mój żołądku".

„Nowy lek na zmęczenie". „Przeciw oznakom starości"... I oczywiście dobrze, żeby leki były łatwo dostępne, czyli „Bez recepty".

Pani rzecznik patentowy jednej z firm farmaceutycznych opowiada, jak ważną rolę spełnia opieranie kampanii reklamowej produktu farmaceutycznego na sloganie. Ponieważ klienci bardzo szybko kojarzą sobie dany lek z promowanym hasłem. I dlatego należy zachęcać właścicieli do rejestracji sloganów jako znaków towarowych. Bo to pozwala na łatwiejsze dochodzenie roszczeń w przypadkach naruszenia praw...

Podobno są cztery typy klienta, do których należy trafić ze sloganem. Pierwszy to *eksperymentator*, czyli ten, który chętnie leczy się sam, czyta literaturę medyczną, śledzi reklamy nowych leków. Drugi typ to *pacjent spolegliwy*, czyli ten, który dba o swoje zdrowie, regularnie kontroluje stan swego zdrowia, korzysta z zaleceń lekarza, kupuje tylko leki zaordynowane. Trzeci typ to *hipochondryk* – przesadnie dba o własne zdrowie, stale pogłębia wiedzę medyczną, kupuje dużo leków, w tym nowości. No i czwarty typ: *ignorant*. Ten nie przejmuje się stanem swojego zdrowia, nie chodzi do lekarza, w przypadku dolegliwości lokalizuje je i idzie do apteki.

Oczywiście: „Przed użyciem zapoznaj się z treścią ulotki dołączonej do opakowania bądź skonsultuj się z lekarzem lub farmaceutą, ponieważ każdy lek niewłaściwie stosowany zagraża twojemu życiu lub zdrowiu". Ale to tylko formalność, która ma zabezpieczyć producenta przed ewentualnym procesem sądowym.

Zamiast przechorować grypę, natychmiast likwidujemy jej objawy. Bo w dzisiejszych czasach choroba to luksus niedostępny dla wszystkich. Włoskie *dolce far niente* staje się coraz mniej dostępnym produktem na rynku... Pracownik musi być zmotywowany i podnieść swoją efektywność. Dlatego w Stanach coraz większą popularnością cieszy się stymulant zwany „drzemką w pigułce". Zażyj lek, a będziesz pracował przez dwie doby bez przerwy – tak jest reklamowany. Ale to nie wszystko. Bo jeśli zażyjesz dodatkowo niebieską tabletkę na potencję, to w przerwie na lunch nie zmarnujesz czasu, tylko staniesz na wysokości zadania!

A pamiętacie jeszcze te czasy, kiedy...

GORĄCZKA

...kiedy najpierw było uczucie mentolowego chłodu na skórze. Dogłębny dreszcz i zjeżone na przedramieniu włoski. Ciężka głowa, którą trzeba było podeprzeć rękami, i głos nauczycielki dobiegający z oddali. Potem rozpalone czoło i piekące policzki.

– Pani psorko, mogę pójść z Moniką do pani pielęgniarki? – proponuje koleżanka z ławki.

Ceratowa kozetka za parawanem, strząsany termometr wyjęty z metalowej szafki, ostry zapach denaturatu do odkażania. Dziesięć minut mierzenia pod pachą i najpiękniejsze słowa świata:

– Trzydzieści osiem i dwie kreski... Spakuj książki i do domu.

Jeszcze przed wyjściem z gabinetu drewniana szpatułka na języku.

– Aaa...

– O, ropne gardło...

Po kwadransie już w łóżku, pod pierzyną. Jeszcze tylko moment, kiedy przeszywa człowieka dreszcz przy pierwszym kontakcie z zimną pościelą, a potem fala obezwładniającej rozkoszy, z każdą sekundą bardziej rozpalającej ciało. Gorączka. Tomasz

Mann twierdził, że choroba jest wyuzdaną formą życia.

Co najmniej tydzień w domu. Bez klasówek, wstawania, gdy za oknem jeszcze ciemno, przeciągłego ziewania na lekcji wychowania obywatelskiego, kiedy nauczycielka rozrysowywuje na tablicy: *Struktury rad narodowych jako terenowe organy władz państwowych.*

Najlepiej, gdyby przez ten cały czas padał deszcz. A po spadku gorączki herbata z malinami, emskie, no i – wstrzymuję oddech, czy Kasi i Marcinowi uda się uratować miłość... Zamiast *Naszej szkapy* Konopnickiej, *Zapałka na zakręcie* Siesickiej.

Chwilo, trwaj wiecznie!

OBLUBIENIEC

Kiedy byłam mała, czasem mama zabierała mnie do swojej krawcowej. Było to gdzieś w pobliżu centrum. W każdym razie pamiętam dobrze ten szereg starych kamienic łączących się od frontu, z zadbanymi fasadami i paradnymi wejściami dla państwa. Od wewnątrz kamienice prezentowały się już gorzej: podwórka studnie z wejściem dla służby, czyli na tak zwane „kuchenne schody". Znowu mi się kojarzy to ze słowami piosenki (jakieś natręctwo chyba):

> Tu żadnej pory roku oprócz zimy nie ma
> obcy mur z obcym murem graniczy
> na łodyżce podwórka więdnie lniany
> kwiatek nieba[9].

W jednej z takich kamienic znajdował się zakład krawiecki pani, której nazwiska już nie pamiętam. Nie przepadałam za wizytami u niej. Ale potrzeba bliskości mamy i uczestnictwa w jej życiu była

[9] *Kantata*, słowa Jan Zych, muzyka Jan Kanty Pawluśkiewicz, wykonanie Marek Grechuta.

silniejsza. U krawcowej pachniało tkaninami, pewnie to była naftalina lub suszona roślina nazywana bagnem, która też podobno chroni przed namolnością moli. Krawcowa trzymała szpilki w zaciśniętych zębach i patrzyła na swoje dzieło w lustrze. Mama też patrzyła w lustro, w przymierzanej kreacji odwracając się miękko to w jedną, to w drugą stronę, z baletowo wygiętą szyją. Pewnego razu, gdy przymiarki trwały zbyt długo, znudzona wyszłam na podwórko. W pierwszej chwili poczułam charakterystyczną woń, która kojarzy się z dzikimi kotami i pijakami, do tego stęchliznę murów, do których nigdy nie dociera słońce. Nagle spostrzegłam coś, co niemalże powaliło mnie z nóg. Przy lichym krzaczku bzu na samym środku ciemnego podwórka stała kapliczka. Umajona sztucznymi kwiatami z kolorowej gąbki i drutu, takimi, jakie widywało się dawniej na jarmarcznych strzelnicach. Pomiędzy tymi kwiatami zobaczyłam czyjś portret. Mężczyznę o niezwykłej urodzie, o łagodnym, czułym, niemalże kobiecym spojrzeniu. Tkliwość jego oczu i serce, z którego biły namalowane promienie światła, wywołały we mnie takie wzruszenie, że do dzisiaj nie potrafię go opisać. Stałam tam jak wryta, zapatrzona w kiczowaty obrazek i nie wiedziałam, co zrobić ze swoimi uczuciami. Na wszelki wypadek zakochałam się.

OPIEKUN SPOLEGLIWY

Przypomnę zalecenie pani rzecznika patentowego jednej z firm farmaceutycznych – wśród głównych typów klientów jest *pacjent spolegliwy*, czyli ten, który dba o swoje zdrowie, regularnie kontroluje stan swego zdrowia, korzysta z zaleceń lekarza i kupuje tylko leki zaordynowane.

Już mi się nie chce zwracać uwagi. Może zresztą nie wypada kogoś towarzysko pouczać. Jednak coraz częściej słyszę, jak młodzi, nawet inteligenci i humaniści, błędnie używają przymiotnika „spolegliwy" w znaczeniu „uległy", „ten, który ustępuje i poddaje się innym". Na nic walka językoznawców, nawet tak wybitnych autorytetów jak Jerzy Bralczyk. W mediach też lubią słowa „spolegliwy" używać w przeciwnym do prawdziwego znaczeniu. Powtarzam zatem dobitnie: obywatele i obywatelki, spolegliwy znaczy opiekuńczy, ten, na kim można polegać jak na Zawiszy, ten, który opiekuje się innymi, a nie sobą! Jest to termin sformułowany przez profesora Tadeusza Kotarbińskiego, który tłumaczył, dlaczego warto istnieć: „Żeby poznać świat, kochać kogoś, być czyimś przyjacielem lub po prostu być komuś potrzebnym".

Kiedy byłam jeszcze dzieckiem, najczęściej moje ważne rozmowy z ojcem odbywały się nad brzegiem jeziora Omulew, na ławce pod starymi lipami w późnopopołudniowych godzinach. Pewnego dnia ojciec tłumaczył mi różnicę pomiędzy słowem „inteligent" a „intelektualista". Z tej rozmowy szczególnie utkwiły mi w pamięci trzy nazwiska z listy intelektualistów: profesor Tadeusz Kotarbiński, Krzysztof Zanussi i profesor Janusz Tazbir. Kiedy mówił o Kotarbińskim, po raz pierwszy usłyszałam określenie „opiekun spolegliwy". Ojciec tłumaczył je z pewnego rodzaju przesłaniem – że jest to obowiązek: być takim człowiekiem dla innych. Powiało smrodkiem dydaktycznym, więc oczywiście przyjęłam wtedy tę argumentację z niechęcią, że znowu czegoś ode mnie będzie oczekiwał. A ja nie jestem w stanie temu sprostać. Jakbym przeczuwała, że w przyszłości będę musiała stać się opoką dla zbyt wielu osób. I jako opiekun spolegliwy wytrwać na posterunku do końca.

17 GRUDNIA 2014

Coraz trudniej wstać, ubrać się, umycie włosów urasta do... sama nawet nie wiem do czego. Jak skleić myśl w logiczną narrację? Chciałabym się schować, znowu trzeba się ubrać, a tu fobia społeczna. Ciągle żrę. Od choroby wrzucam w siebie kisiele i zalewam wrzątkiem. Słodka chwila w gorzkich dniach. Kałdun mi urósł, ważę chyba... a co mi za różnica? Wieczorem znowu trzeba będzie się rozebrać. Tylko po to, żeby rano się ubrać. Lepiej spać w ubraniu. Żeby nie skończyć jak ten carski oficer, który popełnił samobójstwo, strzelając sobie w łeb. W pożegnalnym liście do bliskich lakonicznie napisał: *„Odiewatsa – rozdiewatsa. Mnie nadajeło...”*[10].

[10] Ubierać się – rozbierać. Znudziło mi się...

ZŁY SEN

Umarły dom z mrocznymi oczodołami wybitych okien. Rozdziawione w niemym krzyku umarłego usta wyważonych drzwi. Wilgotna ciemność i trupi odór opuszczonych budynków. Chyba poznaję to miejsce. Pod butami złowrogo zgrzyta rozgniatane szkło. Coś złego czai się za ścianą. Kiedyś tu byłam, dawno temu...

Budzę się ze strachu. Już wiem – to Salamandra. Perła tatrzańskiego kurortu z początku dwudziestego wieku. Miejsce magiczne niczym Berghof z *Czarodziejskiej góry*, gdzie czas staje w miejscu, aby zastanowić się nad przemijaniem. Gdzie zazdrość i medycyna opisane przez Michała Choromańskiego wydarzyły się naprawdę. I gdzie namiętność przechodzi w kaszel gruźlika, a choroba staje się wyuzdaną formą życia. Eros contra Thanatos.

Najpierw było sanatorium w Kościelisku, które założył doktor Kazimierz Dłuski. To znana postać ruchu socjalistycznego przełomu XIX i XX wieku. Związany z Ludwikiem Waryńskim i Bolesławem Limanowskim działał politycznie na emigracji. W Paryżu ukończył studia medyczne i prowadził w stolicy Francji dom otwarty. Wielu znanych Polaków gościło w jego progach. Do kraju powrócił w 1899 roku i niemal natychmiast osiadł w Zakopanem, związując się z polskimi górami już praktycznie na zawsze. Sanatorium dla pacjentów mających problemy z płucami otworzył w 1902 roku w bardzo ciekawym architektonicznie budynku, dopiero co wówczas postawionym. Wiodła do niego stroma ścieżka od strony Krzeptówek, a wokół rozciągał się świerkowy las. Dłuski był również współzałożycielem TOPR-u i jego pierwszym prezesem oraz współtwórcą Muzeum Tatrzańskiego im. Tytusa Chałubińskiego. Były potem i inne jego zasługi dla kraju. A więc jak na jednego człowieka całkiem sporo. Na dodatek ożenił się z panią doktor Bronisławą Skłodowską, starszą siostrą przyszłej noblistki Marii. A jego córka Helena została jedną z pierwszych kobiet taterniczek. Maria Curie-Skłodowska dzięki państwu Dłuskim mogła wyjechać w 1891 roku do Paryża na studia. A w 1911 roku przebywała u nich w Kościelisku. Mieszkała w budynku nazwanym Dworkiem Prezydenckim, w którym później zatrzymywali się i Józef Piłsudski, i Ignacy Mościcki. W tym budynku, zaprojektowanym przez Stanisława Witkiewicza, mieszkali również sami Dłuscy. Do wybuchu II wojny światowej pokój Marii, która wsparła siostrę i szwagra finansowo, aby mogli rozbudować sanatorium, był zachowany w Dworku Prezydenckim jako jej muzeum.

Ocalał piękny plakat z 1914 roku reklamujący *Sanatoryum dla chorych piersiowych w Zakopanem* ze stoma pokojami. A na nim takie informacje:

„Styl gmachu ściśle sanatoryalny. Obszerne leżalnie dla kuracyi klimatycznej. Elektryczne oświetlenie, centralne ogrzewanie, kanalizacya.

Kąpiele i natryski. Wodociąg zimnej i gorącej wody w każdym pokoju. Wzorowe urządzenia desynfekcyjne: Kamera odkażająca pod ciśnieniem dla pościeli, maszyna do desynfekcyi naczynia stołowego. Specyalne urządzenie do spalania plwociny. Dwie windy osobowe elektryczne aż do 4-go piętra. Pralnia parowa. Meble zmywalne. Kuchnia wykwintna i obfita.

Kaplica ze stałym kapelanem. Zasobna czytelnia, biblioteka, fortepian. Sala teatralna, przedstawienia i koncerty na miejscu. Apteka, laboratoryum, pracownia Röntgena. Poczta dwa razy dziennie. Telefon i telegraf w miejscu. Powozy i sanie otwarte i kryte na miejscu.

Pawilon izolacyjny na wypadek choroby zakaźnej. Hotelik sanatoryalny dla towarzyszących obok gmachu. 6 posiłków dziennie.

Ceny: Utrzymanie wraz z mieszkaniem i leczeniem od 12 koron dziennie.

Personel lekarski: Naczelny Lekarz i Dyrektor: Dr KAZIMIERZ DŁUSKI i 3-ch asystentów. Lekarz-kobieta".

W sanatorium opisanym przez Tomasza Manna oprócz obfitej diety i werandowania dla ciała oraz kaplicy i biblioteki dla ducha zaaplikowano pacjentom coś jeszcze – modną nowość prosto z Austrii, czyli psychoanalizę, dzięki której szczególnie pacjentki mogły poczuć się dogłębniej zbadane, niemalże w dosłownym znaczeniu.

„A, Krokowski! – zawołał Settembrini. – Chodzi tu sobie, a zna wszystkie tajemnice naszych pań. Proszę tylko zwrócić uwagę na symbolikę jego ubrania: odziewa się czarno, żeby zaznaczyć, że noc jest właściwą dziedziną jego studiów. Człowiek ten ma w głowie tylko jedną jedyną myśl, a ta jest sprośna"[11].

Ciekawe, czy w Kościelisku był jakiś doktor Krokowski?...

To wszystko działo się w 1914 roku! Co prawda za chwilę wybuchnie I wojna światowa... i skończą się sanatoryjne luksusy. Ale Europejczycy byli przekonani, że wojna przeczyści ich stajnię Augiasza. Jak u Manna – zgnuśniały świat zapragnie zmian. A narrator pożegna idącego na front Hansa Castorpa smutną refleksją: „Żegnaj więc – bez względu na to, czy żyć będziesz, czy też padniesz. Złe masz widoki na przyszłość, straszliwy tan, który cię porwał, potrwa jeszcze dobrych parę latek i nie założylibyśmy się, czy wyjdziesz z tego cało"[12].

[11] Tomasz Mann, *Czarodziejska góra*, przeł. Józef Kramsztyk, Czytelnik, Warszawa 1982.

[12] Tamże.

EROS I THANATOS

Jako dziecko jeździłam z babcią do Kościeliska. Mieszkałyśmy we wspomnianym Dworku Prezydenckim. Pamiętam związaną z nim legendę krążącą wśród personelu WDW i okolicznych górali – że straszy w nim duch kobiety, która mieszkała w Dworku i popełniła samobójstwo, rzucając się ze skały, oczywiście z miłości. W *Towarzyszce Panience* pisałam o skrzypiących tam starych schodach…

– Rudolf, złaź, bo nie mogę się ruszyć!

…no więc ja się nigdy nie bałam, choć mama twierdziła, że widziała tańczącą zjawę na tych schodach. Teraz domyślam się, że prawdopodobnie w legendzie połączono historie dwóch kobiet. Córki państwa Dłuskich, Heleny, która w 1920 roku wyjechała do Stanów Zjednoczonych i rok później otruła się w Chicago gazem. Oraz Jadwigi Janczewskiej, malarki i wielkiej miłości Witkacego, która w sanatorium doktora Dłuskiego leczyła gruźlicę. W 1914 roku przebywał w Zakopanem zaprzyjaźniony z Witkacym Karol Szymanowski. Podobno Jadwiga, już zaręczona z Witkacym, zakochała się w nim. Z tego powodu doszło do zatargu między pisarzem a kompozytorem. W efekcie czego Jadwiga się zastrzeliła z browninga pod Skałą Pisaną w Dolinie Kościeliskiej. Pięknie i romantycznie? Wtedy miłość chodziła ze śmiercią w parze, a takie tragedie należały do dobrego tonu wśród bohemy i wyższych sfer. No i góry. Czyż można sobie wyobrazić lepsze miejsce na odejście z tego świata?

I tylko Tatry niech w śniegu zapłaczą.
Za tobą. Za mną. Za nami.
Oto są sprawy najprostsze.
I nic
ponad Tatrami.[13]

---

[13] Jalu Kurek, *Wysoka Gerlachowska*, Warszawa 1970.

SEN ZIMOWY

Dlaczego niektórzy samobójcy rzucają się pod pociąg, strzelają sobie w łeb czy podcinają żyły? Jakby chcieli wymierzyć sobie okrutną karę za nieudane życie. Brutalne samobójstwo bez znieczulenia czy zwykłego szacunku dla swojego ciała i dotychczasowego istnienia. Autoagresja, złość... A przecież samobójstwo może być aktem łaski, miłości własnej i własnego odpuszczenia. Można się utulić w miękkiej pierzynie śniegu, w tej ciszy doskonałej, w najbielszej pościeli. Bo w śniegu jest tkliwość i zapomnienie – jakby powiedział młodopolski poeta.

Też myślę, że jeśli umierać na własne życzenie, to hipotermia byłaby najprzyjemniejszym rozwiązaniem. Zamarznąć w górach, w jakimś zacisznym, leśnym zaułku. Z dala od szlaków, o błękitnym zmierzchu. Ukołysać się do snu góralską herbatą z termosu i cichutko zasnąć. A potem spać, spać, spać, aż płatki śniegu przestaną rozpuszczać się na ustach od naszego oddechu. Przykryją i rozbielą nasze najczarniejsze myśli. Zamrożą i rozkruszą najdawniejsze troski. Jest może w takim samobójstwie i nadzieja na tymczasową hibernację. Nawet tylko zimowy sen.

A następnie na szczęśliwą odwilż, która wiosną nam serce i czasy odmieni.

Nim przyjdzie wiosna,
nim miną mrozy,
w ciszy kolebce –
nade mną sosna,
nade mną brzoza
witkami szepce...[14]

[14] Jarosław Iwaszkiewicz, *Nim przyjdzie wiosna* [w:] *Wiersze*, t. I, Czytelnik, Warszawa 1977.

HIBERNATUS,
CZYLI SEN O WIECZNOŚCI

Porzućmy jednak modernistyczne uniesienia. I przejdźmy do medycyny. Otóż na granicy śmiertelnej hipotermii człowiek zaczyna tracić łączność z rzeczywistością. Ma omamy, zwidy i zaczyna czuć gorąco. Często później ratownicy górscy znajdują ludzi porozbieranych. To poczucie gorąca, a przynajmniej błogiego ciepła powoduje, że umiera się bez świadomości umierania. Po prostu człowiek zasypia... nim przyjdzie wiosna, nim miną mrozy, w ciszy kolebce... I to często zwijając się w kłębek. Ratownicy twierdzą, że nawet ci, którzy zdążyli stracić przytomność, odruchowo przybierali taką pozycję. Jest to niczym powrót do łona matki, niczym utulenie w cichej kolebce... Podczas sekcji zwłok patolodzy zawsze stwierdzają cztery podstawowe zmiany: obrzęk mózgu, przekrwienie narządów wewnętrznych, obecność jasnej krwi w naczyniach i jamach serca oraz przepełnienie pęcherza moczowego. To ostatnie może dosyć dziwić. A jest bardzo dla śmierci z wychłodzenia charakterystyczne. To efekt wzmożonej diurezy. No i po romantyzmie...

Ale są tacy, którzy marzą o zamrożeniu... By po latach zostać odmrożonym i wyleczonym ze śmiertelnej choroby lub po prostu – ze śmiertelności jako takiej. Pierwszego takiego zamrożenia dokonano w 1967 roku w Stanach Zjednoczonych. Ochotniczo do tego eksperymentu zgłosił się chory na raka profesor psychologii z Uniwersytetu w Kalifornii James Bedford. W kilka godzin po śmierci został wprowadzony w stan kriostazy. Od tamtego czasu zamrożono ponad dwieście osób i ponad osiemdziesiąt zwierząt – domowych ulubieńców. Koszt takiego zabiegu jest na tyle wysoki, że śnić o wieczności dzięki hibernacji mogą tylko zamożni. A kiedy zostaną odmrożeni? Tego nie wie nikt. A więc ich pragnienie o drugim życiu ma dokładnie takie same szanse, co człowieka wierzącego w życie pozagrobowe.

Do dzisiaj żywa jest legenda o zamrożeniu ciała Walta Disneya, które miałoby zostać odmrożone i ożywione sto lat później. Skąd się wzięła? Ojciec Myszki Miki, Kaczora Donalda i Psa Pluto zmarł w 1966 roku. Został skremowany i pochowany na cmentarzu w Glendale. Czy jednak twórcy świata animacji, bajek o księżniczkach, królowych, wróżkach i czarnoksiężnikach przystoi tak prozaiczna śmierć i równie prozaiczny pochówek? Legendarny był także jego majątek – właściciela największego w świecie koncernu medialnego. A więc cudowne przejście przez śmierć w krainie lodu do życia wiecznego byłoby najlepszym zwieńczeniem historii Walta Disneya. Mimo to do cudu nie doszło...

A może jednak doszło?... W Krakowie. Dwuletni Adaś trafił tu do szpitala w skrajnej hipotermii. Jego organizm był wychłodzony do 12 stopni Celsjusza, a serce biło raz na kilkadziesiąt sekund. Dzięki odpowiednim warunkom zapewnionym mu podczas transportu do szpitala i heroicznej walce lekarzy odzyskał pełną sprawność czynności życiowych. Cud? Nie, nowoczesna medycyna. Ewenement na skalę światową! Niczym w baśni Andersena.

„Mały Kaj był siny z zimna, prawie czarny, ale nie wiedział o tym i nie czuł wcale chłodu, gdyż Królowa Śniegu zamroziła pocałunkami nawet dreszcze w jego ciele, a serce jego stało się kawałkiem lodu". Ale uratowała go miłość siostry Gerdy. „Jej łzy gorące padały mu na piersi, przenikały mu do serca, roztopiły lodową bryłę i spłukały z niej okruszynę czarodziejskiego zwierciadła, które było przyczyną całego nieszczęścia. I nagle serce zabiło mu mocniej"[15].

[15] Hans Christian Andersen, *Królowa Śniegu*, przeł. Cecylia Niewiadomska, Virtualo 2010.

18 grudnia 2014 r.

GRÓB

Godzina 3.40. Nareszcie będę mogła postawić ojcu nagrobek. Minęły już te wszystkie smutne, dzielące nas rocznice grudniowe. Trzynasty, szesnasty, siedemnasty. Stan wojenny, kopalnia Wujek, Gdańsk. Po raz pierwszy nie oglądam kompulsywnie telewizji, nie czytam gazet, nie przeżywam wszystkiego od nowa. To już poza mną.

Teraz mogę zadbać o ojca. Ostatni raz. Ojciec był człowiekiem skromnym. Lubił ascetyczne życie. Taki też mu pomnik wybrałam – z surowego nieregularnego piaskowca. Kształtem lekko przypominający granice Polski – to, o co walczył podczas wojny i nie tylko. I wreszcie napis – taki, jakiego by sobie życzył.

GENERAŁ
WOJCIECH JARUZELSKI
1923–2014
ŻOŁNIERZ

Grób znajduje się w pobliżu pięknej brzozy, jego ulubionego drzewa. Przypadek, ale dodający mi otuchy. Jakby ta brzoza miała się nim zaopiekować, utulić, w chłodne dni przykryć liśćmi. Pamiętam, jak mama w dzieciństwie mówiła mi, pokazując w wiosennym lesie młodą brzózkę w seledynowym welonie drobnych listków:

– Popatrz, to panna młoda lasu.

18 grudnia 2014 r.

ASTROLOGIA

Godzina 8.30. Już odwiozłam Gucia do szkoły. Przed rehabilitacją jeszcze do fryzjera, bo wciąż sama nie mogę podnieść rąk. Kiedy myję włosy, bolą mnie barki. Jutro rano mam nagranie do programu z Krzysztofem Zanussim. Przed fryzjerem jeszcze małe zakupy i... jest! Nowy numer „Zwierciadła". Nie o magazyn tu chodzi, ale o horoskop Penny Thornton. Angielskiej astrolog, która stawiała horoskopy księżnym na dworze Windsorów, Dianie i Sarze Ferguson.

No tak, w poprzedniej książce było o duchach i spirytyzmie, a teraz o gwiazdach i astrologii. Gusła? Może tak. I co z tego? Zanim wejdę do fryzjera, rzucam się na roczny horoskop. 2015 też ma być dla Lwów świetny. Jeśli dobrą passą, którą zawdzięczam Jowiszowi, miała być śmierć ojca poprzedzona tabloidalnym skandalem mamy, potem moja choroba, która poczyniła spustoszenie w życiu zawodowym, opóźniając pisanie, a wzmagając stan na granicy depresji – to ja dziękuję...

U fryzjera w „Pani" czytam horoskop znanej mi osobiście i lubianej David Harklay. W rzeczywistości to Violetta Koseska, urodzona w Sofii pół Bułgarka, pół Macedonka, profesor doktor habilitowana, autorka wielu książek z dziedziny językoznawstwa, pracująca w warszawskim Instytucie Slawistyki PAN. A jednocześnie jest astrologiem i stawia horoskopy. Dziwne? Pani profesor tłumaczy:

„Astropsychologia to nauka o człowieku i o tym, jak reaguje na wpływ kosmosu, który reguluje większość zjawisk na powierzchni kuli ziemskiej. Niedowiarków pytam, czy negują, że od Księżyca zależą przypływy i odpływy oceanu. Niewątpliwie zatem działa on także i na nas"[16].

I jako David Harklay twierdzi, że przejście Jowisza przez nasz znak zodiaku oznacza transformację, a zdarza się to w cyklu dwunastoletnim. Coś w tym jest, dwanaście lat temu zdecydowałam się na dziecko i niebawem zaszłam w ciążę. Wtedy przez mój znak przechodził Jowisz.

Kolejny znany astrolog, Piotr Piotrowski, filozof i autor wielu książek, w tym *Jung i astrologia*, w 2009 roku przewidział katastrofę smoleńską. Napisał wówczas na łamach „Newsweeka":

„A kryzys zapowiadany jest nie tylko w horoskopie głowy państwa, lecz także w horoskopie Lecha Kaczyńskiego. Potężnie działający Pluton utworzy wtedy koniunkcję ze Słońcem, a Uran opozycję z Księżycem. Takie konfiguracje planet uruchomią przeznaczenie, którego prezydent nie będzie w stanie uniknąć. Postępujący upadek prezydentury będzie szedł w parze z pogrążającym się w coraz większym chaosie Jarosławem Kaczyńskim. Świat bliźniaków

[16] Monika Głuska-Bagan, *Mam to po babci*, „Pani" nr 4/2011.

runie jak domek z kart i nikt nie będzie w stanie powstrzymać destrukcji”[17].

Niedawno tłumaczył w wywiadzie dla Onetu, że stawianie horoskopów „to dość złożony wielowarstwowy proces, ponieważ należy wziąć pod uwagę dużą ilość zmiennych i umieć je właściwie zinterpretować, mając na względzie również określony kontekst. Astrolog jednak nie wróży, lecz przewiduje pewne tendencje – trendy wzrostu bądź spadku. Mimo to może powiedzieć wiele konkretnych rzeczy”[18]. Podobnie mówi o astrologii Penny Thornton. Bardzo to wszystko logiczne. A co my właściwie wiemy o kosmosie? Że jest nieskończony? Przecież człowiek nie potrafi sobie wyobrazić nieskończoności. Musi jej istnienie przyjmować na wiarę. Uwierz w nieskończoność kosmosu! Potrafisz? Uwierz w Boga! Potrafisz? Ani jednego, ani drugiego nie sposób udowodnić.

A przecież wiara i astrologia towarzyszą człowiekowi od tysięcy lat. Od chwili, kiedy człowiek spojrzał w niebo i zaczął się nad nim zastanawiać. A potem spróbował dociec, jak duży wpływ ma to tajemnicze niebo na jego los. Jeżeli piorun, który podpala drzewo, pochodzi z nieba, to znaczy, że w tym niebie tkwi moc. Stamtąd pochodzi deszcz, śnieg, słoneczny żar i ciemność nocy. Wszystko, co wpływa na ziemskie życie. No i w niebie przecież mieszka Bóg…

---

17 Piotr Piotrowski, „Newsweek” nr 1/2009.

18 Piotr Piotrowski w rozmowie z Piotrem Cielebiasiem, 28 sierpnia 2014, strefatajemnic.onet.pl/przepowiednie/czolowy-polski-astrolog-o-wojnie-putinie-i-tusku/3wpyp.

W najstarszych zachowanych zabytkach piśmiennictwa znajdziemy przepowiednie astrologów i magów. Bez nich władcy nie byli w stanie podjąć najważniejszych decyzji. To astrolog decydował na podstawie układu planet, czy władca ma rozpocząć wojnę, kiedy spłodzi potomka i kogo ma sobie wziąć za żonę. To od astrologów również oczekiwano wiadomości na temat przyszłych klęsk żywiołowych. No i zdarzało się, że w chwili, gdy astrolog stawał się posłańcem złych wieści, ryzykował głową... Lepiej było obiecać władcy, że będzie piękny, mądry i bogaty. Choćby miał następnego dnia utracić królestwo, żonę oraz życie.

Kto wstrzymał Słońce i ruszył Ziemię? Oczywiście Mikołaj Kopernik, o którym wiemy, że był jednym z największych rewolucjonistów świata w dziedzinie nauki. I tenże sam poważny naukowiec, lekarz i matematyk z doktoratem z prawa kanonicznego zajmował się astrologią... Tak, tak, wierzył w to, że w gwiazdach zapisany jest ludzki los. W dużej mierze dzięki astrologii powstała jego teoria heliocentryczna. Ponieważ Słońce w astrologii od czasów starożytnych było na niebie najważniejsze. Symbolizowało władcę, siłę i największą energię, od której zależy wszystko. Słynny astrolog włoski Marsilio Ficino twierdził, że Słońce harmonijnie kieruje niebem i Ziemią. A Kopernik cenił jego dzieła. Na krakowskiej uczelni jednym z profesorów młodego Mikołaja był Jan z Głogowa, który zajmował się wpływami koniunkcji planetarnych. Wcześniej na tejże krakowskiej uczelni wykładał astrolog Marcin Bylica, który wraz z austriackim naukowcem Regiomontanusem opracował system domów horoskopowych do dzisiaj stosowany. Kopernik ich prace znał dobrze. Studiował również dzieło słynnego arabskiego uczonego Haly'ego Abenragela *De iudiciis astrorum* (*O wyrokach gwiazd*) oraz *Tetrabiblos* Ptolemeusza, do dzisiaj uważanego za ojca europejskiej astrologii. Jeżeli je studiował, to musiał je cenić. Sam też potrafił stawiać horoskopy.

Do rozpowszechnienia heliocentrycznej teorii, dla nas tak oczywistej, bardzo się przyczynił kolejny astrolog, uczeń Kopernika – Jerzy Joachim Retyk. To on namówił swego mistrza do druku *O obrotach sfer niebieskich*. A trzy lata po jego śmierci opublikował własną pracę, *Narratio Prima*, w której rozpowszechnił teorię kopernikańską. Co w tym wszystkim jest jeszcze bardzo ciekawe – Retyk był synem alchemika, astrologa i maga, który został z wyroku kościelnego ścięty za uprawianie czarów... No i na koniec kolejna ciekawostka. Otóż w osobistym horoskopie Kopernika rola Słońca jest „centralizująca". Jak pisze wspominany już Piotr Piotrowski: „Słońce tu bowiem jest aspektowane zarówno przez planety społeczne (Jowisz i Saturn), jak i pokoleniowe (Urana, Neptuna i Plutona). Takie konfiguracje nie zdarzają się zbyt często i z reguły wskazują na olbrzymi wpływ, jaki jednostka może wywrzeć na dzieje świata"[19].

Jeżeli człowiek, który wstrzymał Słońce i ruszył Ziemię, wierzył w astrologiczne horoskopy, to dlaczego ja mam choć czasem nie wierzyć? Przynajmniej u fryzjera.

---

[19] Piotr Piotrowski, *Kopernik i astrologia*, astroportal.pl/index.php?id=105.

PREGNANCY SHOW

U fryzjera czytam również w „Party" albo w „Show", że Joannę Krupę prawdopodobnie mąż zdradza z jakąś zdeterminowaną brunetką. Magazyn przypuszcza, że to może być przyczyną zamrożenia przez Joannę swoich jajeczek. Wizytę celebrytki u ginekologa i jej opalone nogi na fotelu zwanym samolotem można było podziwiać na filmie, który został zamieszczony przez nią na YouTubie. Widzowie czekają na kolejne odcinki *Joana's pregnancy show*, pragnąc poznać bliżej sympatyczne jajeczka i drogi rodne szczęśliwej mamy *in spe*, które niecierpliwie czekają na swoje pięć minut przed kamerami. Świat wstrzymał oddech.

Wracam do domu po rehabilitacji w całkiem niezłym humorze, bo pan Marcin okazał się cudotwórcą, i już prawie mogę zapinać pas w samochodzie lewą ręką. A tu media straszą wojną, Putinem, który przyznał się do miłości, posłowie się kłócą o dietę (nieposelską) Krystyny Pawłowicz oraz wzrost prezesa Kaczyńskiego i profesora Iwińskiego. A daleko w tle leśnicy, którzy czekają na werdykt w sprawie przyszłości Lasów Państwowych.

Dzisiaj wszyscy tym żyją, a gdy skończę książkę, mało kto w ogóle będzie o tym pamiętał.

20 GRUDNIA 2014

Godzina 11.20. Już jest. Surowy i skromny, a jednocześnie paradoksalnie godny w swojej bezpretensjonalnej prostocie. Nigdy nie wiedziałam, co ojcu kupić w prezencie. Mama dawała skarpetki, on udawał radosne zaskoczenie, choć taki prezent dostawał prawie pod każdą choinkę. Ja, gdy już byłam dorosła, kupowałam ojcu książkę historyczną lub polityczną. Zwykle się okazywało, że już ją zdobył wcześniej. Zresztą i tak najczęściej czytał swoje papiery albo gazety. Do literatury pięknej w późnym wieku już prawie nie zaglądał. Kupowałam też ojcu krawaty…

Zabolało. Przypomniało mi się, jak dzień po jego śmierci pojechałam do domu rodziców po ubranie, w którym miał być zawieziony do krematorium. Otworzyłam szafę, szukając granatowego jedwabnego krawata, który kupiłam mu na dziewięćdziesiąte urodziny. Poczułam jego zapach i znowu… No i czego zaczynam teraz płakać?… Dlaczego wtedy to mniej bolało niż teraz? Koniec pisania.

15.40. Jakoś się pozbierałam. Słucham koncertu na obój i skrzypce Bacha. Działa antydepresyjnie. Tchnie łagodnym optymizmem. To chyba będzie najbardziej osobista z moich książek. Wcześniej miałam publicystyczny dystans, teraz pisząc, mierzę się z różnymi emocjami. Puszczam strumień świadomości. Bez nadmiernego kontrolowania, jak w rozmowie z kimś bliskim.

Poranek na cmentarzu był prawie radosny. Przyjechałam z Andrzejem Golimontem, przyjacielem, który niezwykle pomógł mi przy organizacji pogrzebu. Kupiłam duży znicz i mały wieniec, skromny, z tui, tam, gdzie zawsze, odkąd przyjeżdżam do ojca. Sprzedawca podarował mi piękną jasnokremową różę.

– Bo pani zawsze kupuje białe kwiaty…

Kiedy zobaczyłam z daleka gotowy nagrobek, poczułam niemal radość. Wreszcie mogłam na Gwiazdkę podarować ojcu prawdziwy prezent. Na pewno by mu się spodobał. Mówiłby tylko:

– Dziecko, ale po co się tak wykosztowałaś…? Masz Gucia, kredyt, po co ci takie wydatki? Jak ty sobie poradzisz?

– Ale podoba ci się, tato? Czy znowu będziesz mnie krytykował?

– No bardzo mi się podoba. I ta brzoza jeszcze…

– To na razie. Przyjdę w Wigilię!

Tak trudno w tym wietrze zapalić znicz. Jakieś miłe panie ratują nas długimi zapałkami i specjalnymi zapalniczkami. Jedna z kobiet mówi:

– O, to jest wreszcie nagrobek. Skromny, ale ładny.

A druga odpowiada:

– Bo generał był skromnym człowiekiem.

No właśnie. O to chodziło.

SZCZĘŚCIE I KALESONY

– Mamo, nie lubiłaś nigdy świąt.

– Nie lubiłam żadnych jakichś tam rytuałów. Przeszkadzało mi też, że jak przychodziły święta, to ojciec ciągle tym opłatkiem albo jajkiem chciał się dzielić. I trzeba było do ochrony chodzić, by się dzielić. I do kuchni… wszyscy chcieli, żeby się już szybciej to wszystko skończyło. A tu ojciec z tymi życzeniami ciągle...

– Cieszył się, gdy byliśmy wszyscy razem.

– Tak… Ja wtedy nie zauważałam tej jego potrzeby. Nie rozumiałam. Pamiętam jedne święta w Omulewie. Gucio był wtedy malutki. Rozdawaliśmy sobie prezenty przy choince. Było miło i smaczne jedzenie, tylko tych kolęd to ja nie znoszę. Jak zaczynają…

– Mamo, dokończ to, co chciałaś mi przez telefon o ojcu powiedzieć.

– Kupiłam takie różne drobiazgi. Były prezenty. Ja ojcu wtedy dałam ciepłe wełniane kalesony. Takie rajstopy bardziej. Bo jemu ciągle było zimno w stopy. Szłam do niego z tymi rajtuzami, a on siedział na kanapie w tym pokoju, gdzie telewizor. Poderwał się, złapał mnie za dwie ręce. Pocałował w jedną rękę, pocałował w drugą. Za to, że tak rodzinnie było, że taki był nastrój uroczysty. I pamiętam, jak mówi: „Taki jestem szczęśliwy".

21 grudnia 2014 r.

ŚCIĄGA

Jak to dobrze, że już ferie świąteczne. Dwa tygodnie bez wczesnego wstawania, prac domowych i klasówek Gucia. Czternastodniowa przepustka z kazamatów macierzyńskiego stresu.

Rozmawiam ze znajomymi, które są matkami starszych dzieci. Wszystkie mnie pocieszają, że czwarta klasa jest najgorsza. I dla dzieci, i dla rodziców. Potem podobno można się przystosować. Zobaczymy. W każdym razie większość mam wie na pewno, o co mi chodzi.

Kilka razy proponowałam Guciowi pomoc przy sporządzeniu ściągawki, ale z oburzeniem odmawiał. Bo Gucio nie korzysta ze ściągawek. Jego koledzy z klasy, z tego, co wiem – również. Może są jeszcze na to za mali? Ja w każdym razie ściągałam i – dziękuję ci, ściągawko, za zdaną maturę z matematyki. Za rozwijanie koleżeństwa, solidarności, poczucia klasowej wspólnoty. Za uczenie zwinności, sprytu i spostrzegawczości. Za to, że służyłaś nam wiernie przez dziesięciolecia (a pewnie i dłużej). Z narażeniem życia ratowałaś z opresji, aby i tak skonać w koszu na śmieci.

Teraz ściągi przeniosły się do internetu, jak wszystko. *Sprzedam ściągi na maturę.* Albo *Ściągawka z historii kl. 7 /w. XIX/ – Praca zbiorowa*. Wraz z rozwojem technologii zmienił się sposób ściągania. Na maturze 2014 zastosowano parę wymyślnych metod. Na przykład krótkofalówka: ktoś siedział pod szkołą w samochodzie, z którego kontaktował się z piszącym maturę kolegą. I prawdopodobnie nikt by się nie zorientował, gdyby nie przejeżdżający obok samochodu patrol policji. Funkcjonariuszy zainteresował człowiek gadający do pudełka, które nie jest telefonem. Podeszli i zobaczyli rozłożone w samochodzie zadania z matematyki.

Bardzo pomocne były smartfony. Oczywiście nie wolno ich wnosić na salę egzaminacyjną, ale da się przemycić. Za ich pomocą wyciekło do sieci sześć zadań matematycznych. I posypały się prośby o pomoc w ich rozwiązaniu. Maturzyści stosowali też ukryte kamerki, mikrofony i nadajniki radiowe, które można zakupić w sklepie dla szpiegów. Bardziej tradycyjną metodą było chowanie ściąg do długopisów. Można kupić taki z rozwijaną taśmą, którą automatycznie się zwija w razie potrzeby. No i stare sprawdzone od lat zapisywanie na rękach i karteczkach.

W internecie aż roi się od historyjek dotyczących ściągania. Na forach każdy chętnie dzieli się swoimi przeżyciami i daje przestrogi. Jest i cała strona www.sciaga.pl. Można na niej zadawać pytania i dawać punkty za dobre odpowiedzi. Zajrzałam z ciekawości.

Z matematyki ktoś prosi: „Rozwiąż równanie $(3x^2 - 5x)(x^2 - 4) = 0$".

Z języka polskiego jest ciekawiej. Na przykład (zachowuję pisownię oryginalną): „Czy z książki chłopcy z placu broni jest Ernest Nemeczek czy i Ernest i Nemeczek jest to jedna czy dwie postacie". „Napisz list do św. Mikołaja używając fraz i słów wybranych z gier komputerowych". Albo „Pytanie do panów czy golicie penisa? Zastanawiam się czy ogolić czy nie poradźcie mi". Za odpowiedź można dostać osiem punktów.

O tempora, o mores.

POEZJA I PROZA

„Putin tu był i zdobył Krym" – taki napis zobaczyłam na ścianie pod klasą Gucia. Bardzo aktualny.

Pamiętam napisy na swojej szkolnej ławce już w liceum. Miały charakter bardziej uniwersalny i ponadczasowy. Ściśle związany z młodzieńczą fizjologią. Wydrapany zapewne cyrklem na zielonym lakierze pulpitu. „Onanizm wzmacnia organizm" – stwierdzał ktoś rzeczowo. Pod spodem jakaś inna ręka, wgniatając długopis w drewnianą powierzchnię, dzieliła się swoimi doświadczeniami w tej kwestii. „Walenie gruchy wzmacnia paluchy". Siła nacisku przy wypisywaniu tych słów mogła świadczyć, że jej autor nie kłamie. „Kretyni!" – podsumował jakiś granatowy pisak zgrabnym dziewczęcym pismem. Jakby zawiedziony samowystarczalnością chłopaków.

U Kąckiego w liceum Kopernika, jedynym wtedy w Warszawie z wykładowym angielskim, nie było łatwo. Przygnieceni dwujęzyczną wiedzą uczniowie dawali upust swojej frustracji w postaci mocniejszych sformułowań. Zapewne po lekturze naturalistycznych *Chłopów* Władysława Reymonta: „Lepiej ch... orać pole, niż być uczniem w naszej szkole". Ciężka proza batalistyczna na lekcji owocowała zaś lekką artylerią prawie fraszki w szkolnej toalecie:

„Moja dupa nie armata nie umie celować.
Jeśli nasra na deseczkę, proszę jej darować".

KRÓLOWA NAUK

Zawsze byłam kiepska z matematyki. Kiepska to mało powiedziane. W maturalnej klasie miałam dwóję na semestr. Byłam przedostatnim rocznikiem, który musiał zdawać maturę z matematyki. Teraz znowu wprowadzono ten obowiązek – od 2010 roku.

„Ministerstwo Edukacji zadecydowało, że [matematyka] będzie obowiązkowa z myślą o absolwentach potrzebnych na nowoczesnym rynku pracy. W Europie brakuje inżynierów. Unia Europejska w wyścigu z innymi regionami świata stawia na innowacje, postęp technologiczny i zdobywanie nowej wiedzy. Dlatego zdecydowanie więcej młodych ludzi musi w przyszłości studiować nauki techniczne i ścisłe”[20] – entuzjastycznie donosił portal epoznan.pl, ciesząc się, że uczniowie z Wielkopolski zdali matematykę w 2010 roku najlepiej w całym kraju.

Cztery lata później okazało się, że jednak jest źle. Egzamin z matematyki zdało zaledwie

---

[20] epoznan.pl/news-news-19228-Matura_matematyka_obowiazkowa_po_25_latach_przerwy.

75 procent polskich maturzystów, czyli o 10 procent mniej niż w poprzednim roku. Pytałam znajomych, których dzieci zdawały, w czym problem. Okazało się, że przez trzy lata zadania były podobne, a w 2014 roku inaczej sformułowano pytania, bardziej zawile. Dla słabszych uczniów, którzy nie są i nigdy nie będą matematykami, to stanowiło największą przeszkodę.

No i klops. Media donosiły, że co trzeci maturzysta oblał maturę! A ja się zastanawiam, czy na pewno wszyscy muszą zdawać matematykę. Dlaczego narzucono ten obowiązek humanistom, którzy mogliby lepiej przygotować się w tym czasie do egzaminu z języka polskiego lub historii – przedmiotów potrzebnych im, aby dostali się na odpowiednie studia? Poza tym uważam, że w szkołach średnich powinno się wprowadzić takie przedmioty jak psychologia, filozofia, antropologia, erystyka, retoryka czy kulturoznawstwo. Obycie humanistyczne daje w przyszłości większe szanse na odpowiednie funkcjonowanie w świecie, funkcjonowanie międzyludzkie. Wolę mieć do czynienia z człowiekiem niż cyborgiem... Rzucam zatem hasło: „Nie dla matury z matematyki dla humanistów!".

Jedna trzecia mojej klasy (byłam w tej grupie) maturę z matematyki zdała dzięki mojemu chłopakowi, który był studentem politechniki, i dzięki bratu koleżanki. Spisywaliśmy treść zadań na kartce, potem ją wyrzucaliśmy za okno. Wyniki ktoś przynosił do szkolnej ubikacji dla chłopców i zostawiał na przedostatnim rezerwuarze. A potem solidarnie krążyły one po klasie. I jaka była między nami współpraca! Rywalizacja nawet nie przyszłaby nam do głowy. Komu pójdzie najlepiej, a komu najgorzej

– nie, nie, wszystkim miało pójść dobrze. Tworzyliśmy zgrany zespół. Podczas klasówki, a później matury, nawet najbardziej lubiany nauczyciel stawał się naszym przeciwnikiem, którego należało przechytrzyć, aby pomóc najsłabszemu. Byliśmy na poziomie wspólnoty zbieracko-łowieckiej, a nie darwinowskiego kapitalizmu... Zresztą nauczycielom też zależało na dobrych wynikach. Na egzaminach pisemnych często udawali, że nie widzą naszych konsultacji, ostentacyjnie odwracali głowy, kiedy spostrzegali w końcu sali zamieszanie.

Jeden z bohaterów *Czarodziejskiej góry*, Lodovico Settembrini, włoski literat wielbiący renesans i oświecenie, również stawiał na humanistów jako nauczycieli i przewodników duchowych. Przekonywał Hansa Castorpa, przyszłego konstruktora okrętów, że „my, humaniści, wszyscy mamy żyłkę pedagogiczną. Tak, moi panowie, historyczna łączność humanizmu z pedagogiką dowodzi ich związku psychologicznego. Nie należy odbierać humaniście prawa wychowywania – nie można mu tego odebrać, bo w nim tylko żyje tradycja o godności i piękności człowieka. On to zajął ongi miejsce duchownego, który w czasach ciemnoty i nienawiści ośmielał się być przywódcą młodzieży. Historia nie stworzyła dotąd innego typu wychowawcy: może pan mnie nazwać wstecznikiem, ale w zasadzie, *in abstracto*, proszę mnie dobrze rozumieć, jestem stanowczo zwolennikiem gimnazjum humanistycznego”[21].

[21] Tomasz Mann, *Czarodziejska góra*, przeł. Józef Kramsztyk, Czytelnik, Warszawa 1982.

A dzisiejszy model nauczania narzucony szkołom jest jak edukacyjny wyścig zbrojeń. A przy tym zimna wojna kompulsywnie ambitnych rodziców. Dziecko przestaje być dzieckiem, staje się uczniem, a szkoła życiem. Do tego dochodzi brak poczucia wzajemnej lojalności i umiejętności pracy zespołowej. Nieważna jest przyjaźń, tylko SUKCES. I to od najmłodszych lat. Przecież uczeń odrabia zadania indywidualnie. Nawet jeśli nauczyciel każe wykonać wspólny projekt, to i tak najważniejsza w ostatecznym rozrachunku jest twoja ocena, a nie grupowa. No i testy, klucze, poczucie anonimowości, które ma niby zapewnić obiektywność w ocenie, a w rzeczywistości czyni z człowieka numerek... Szkoły kupują pytania do testów, co powoduje, że uczeń nie może zabrać pracy do domu. Dlaczego? Ponieważ obowiązuje umowa autorska podpisana między szkołą a firmą zewnętrzną. Jak w takim razie uczeń ma sprawdzić, co zrobił źle?

Jednak się pocieszam – że regułą świata jest cykliczność. A więc coś mija, by po pewnym czasie wrócić. Dostrzegam w tym szansę na lepsze – że świat zacznie zmierzać w kierunku modelu społeczeństwa obywatelskiego, gdzie współpraca będzie ważniejsza niż umiejętność współzawodnictwa.

A królowa nauk, matematyka? „Nie zgadzam się z matematyką. Uważam, że suma zer daje groźną liczbę”[22], co potwierdza historia – nauczycielka życia[23].

---

[22] Stanisław Jerzy Lec.

[23] Cyceron.

22 grudnia 2014 r.

REGINA BRETT, CZYLI ŚCIĄGAWKA Z ŻYCIA

Jako dorośli czujemy się czasami bezradni w tej szkole życia. I poszukujemy ściągawek. Dlatego bestsellerami w księgarniach stają się poradniki próbujące nam odpowiedzieć na pytanie: „Jak żyć?". A jakby los nie wystawił nam świadectwa z czerwonym paskiem, to żeby chociaż ktoś podpowiedział, jak wykorzystać ewentualnie kolejną szansę, czyli – jak żyć po życiu? I nie mam tu na myśli fundamentalnych dzieł, takich jak Biblia, Tora czy Koran. Autorami opowieści o życiu i życiu po są przeciętni ludzie, którzy pod wpływem śmierci klinicznej doznali czegoś metafizycznego. Pamiętam, że w końcu lat siedemdziesiątych bardzo modna była książka Raymonda A. Moody'ego *Życie po życiu*. Przechodziła z rąk do rąk tak intensywnie, że okładka starła się i wyblakła. Dzisiaj największe hity to *Mapa nieba* amerykańskiego neurochirurga Ebena Alexandra i *Chłopiec, który wrócił z nieba* Alexa i Kevina Malarkeyów.

(DOPISEK Z 17 STYCZNIA 2015)

No proszę, dzisiaj znalazłam wyjaśnienie tajemnicy owego chłopca. Portal NaTemat.pl podaje wiadomość: „Blisko pięć lat po premierze książki *Chłopiec, który wrócił z nieba* jej bohater przyznaje się do kłamstwa. – Nigdy nie byłem w niebie, nie spotkałem anioła, a wszystko, co jest w książce, zostało wymyślone – mówi Alex Malarkey. – Zrobiłem to, bo chciałem, by ktoś zwrócił na mnie uwagę (...). Po dramatycznym oświadczeniu Malarkeya wydawca poinformował, że książka zostanie wycofana ze sprzedaży"[24]. Ciekawe, co skłoniło chłopca do tak odważnego oświadczenia?... Strach, wstyd, osoby trzecie... perspektywa piekła za kłamstwo?...

Kiedy byłam w wydawnictwie, moi wydawcy pokazali mi książki Reginy Brett. Już o niej słyszałam, ale książek nie czytałam, uważając, że to coś w stylu porad duchowych Paula Coelha. Po rozmowie z wydawcami postanowiłam dowiedzieć się, na czym polega sukces autorki. Amerykańska dziennikarka napisała ponad dwa tysiące felietonów, za

[24] natemat.pl/130419,nigdy-nie-bylem-w-niebie-zmyslilem-to-wyznaje-nastoletni-autor-bestsellera-chlopiec-ktory-wrocil-z-nieba.

które dostała wiele nagród. Dwukrotnie była nominowana do Nagrody Pulitzera za reportaże. Sto pięćdziesiąt felietonów w formie lekcji wydała w trzech książkach: *Bóg nigdy nie mruga*, *Jesteś cudem* i *Bóg zawsze znajdzie ci pracę*. Życie, owszem, miała bardzo ciężkie. Urodzona jako jedenaste dziecko w rodzinie katolickiej, wychowywana była przez apodyktycznego ojca. Chodziła do katolickiej szkoły, co ją zraziło do instytucji Kościoła. W dzieciństwie molestowana, jako nastolatka zgwałcona, bardzo wcześnie została samotną matką i wpadła w alkoholizm. A potem miała raka i usunięto jej obie piersi. Dała sobie radę z większością tych problemów. Godne podziwu, ale...

Regina Brett osiągnęła gigantyczny sukces publicystyczny, z perspektywy którego patrzy na świat z pobłażliwym optymizmem. Znalazła się na szczycie, z którego kolejne niepowodzenia wydają się łatwe do pokonania. Bo ktoś, kto patrzy z góry, nie rozumie już tego, który znalazł się na dole, tkwiąc głęboko w swoich problemach. Perspektywa się zmienia.

Już same tytuły rozdziałów zirytowały mnie zbanalizowanym przesłaniem z życia. Na przykład: *„Lekcja 10. Bóg nigdy nie daje nam więcej, niż potrafimy udźwignąć”*[25]. Naprawdę? A samobójstwa z bezsilności? A zbrodnie z rozpaczy? A załamania nerwowe prowadzące do szaleństwa? Zresztą nie trzeba wielkich tragedii, wystarczy seria ciągłych niepowodzeń, brak środków do życia i akceptacji, by życie stało się bolesnym ciężarem, który chwiejnie niesiemy

---

[25] Regina Brett, *Bóg nigdy nie mruga. 50 lekcji na trudniejsze chwile w życiu*, przeł. Olga Siara, Insignis, Kraków 2012.

do końca, potykając się o własne nogi. Trudno wtedy uwierzyć w założenie autorki: *„Jeśli chcesz zobaczyć cud, sam bądź cudem"*... Człowiek cudem? Jakim cudem? Jesteśmy bezbronni, nadzy, mali, cisi lub głośni – w obu najważniejszych momentach, w chwili narodzin i śmierci. Życie zaczyna się i kończy na pampersie i zależności od innych. Tymczasem Regina próbuje nam udowodnić, że wszystko zależy od nas samych, naszych decyzji i nastawienia do życia. A przecież te dwa najważniejsze wydarzenia są poza zasięgiem naszej kontroli (przynajmniej to pierwsze na pewno). A pomiędzy nimi pojawia się cała gra przypadków.

Autorka jest przekonana, że spotkała na swojej drodze wspaniałego mężczyznę, bo w pewnym momencie dojrzała do partnerskiego związku. Jest wiele kobiet, które wykonały wielką pracę nad sobą, a wciąż czekają lub też zrezygnowały sfrustrowane, bo akurat nie spotkały takiego mężczyzny, który by zaspokoił ich wymagania. Jej się udało, ponieważ o określonej godzinie znalazła się w konkretnym miejscu. A co gdyby?... Gdyby trafiła w to miejsce w innym czasie lub w tym czasie trafiłaby w inne miejsce? Wtedy wymarzonego mężczyzny by nie spotkała. I być może pozostałaby samotna do dzisiaj, pisząc podręczniki dla singielek. To samo dotyczy spraw zawodowych. Można mieć wykształcenie i kompetencje, a jednak nie móc znaleźć dobrej pracy. Bo akurat jest kryzys lub w miejscowości, w której żyjemy, nie ma zapotrzebowania na naszą profesję. W takiej sytuacji nie wystarczą dobra wola i zapał, żeby trudności życiowe przeskoczyć.

Na tym właśnie polega przesłanie filmu Krzysztofa Kieślowskiego *Przypadek*. Główny bohater grany przez Bogusława Lindę spóźnia się na pociąg i w związku z tym... w drugiej wersji zdąża wsiąść do pociągu i w związku z tym... w trzeciej wersji spóźnia się na pociąg, ale... Jak całkiem odmienne z tego wynikają dalsze ciągi. Ten sam motyw został wykorzystany przez Petera Howitta w *Przypadkowej dziewczynie*. Grana przez Gwyneth Paltrow bohaterka zdąża na metro i odkrywa zdradę chłopaka, a w drugiej wersji spóźnia się na metro i... No właśnie – i co wtedy?

Regina miała to szczęście, że pokonała chorobę nowotworową. Jeśli nawet w dziesięciu procentach była to jej zasługa, reszta jest jednak zasługą medycyny i odpowiedniej opieki. Wszystko również zależy od rodzaju nowotworu i stadium choroby. Równie dobrze mogłoby już Reginy nie być na świecie... Nie znaczy to, że jestem amatorką oddawania życia walkowerem, ale nie wierzę w przekonanie autorki, że na wszystko mamy całkowity wpływ, a pozytywne myślenie czyni cuda. Są momenty, kiedy możemy wziąć życie krótko za wodze i pogalopować w ściśle wybranym kierunku. Częściej jednak los nas ponosi, a czasem wręcz wyrzuca z siodła. Bywa, że odniesione przy takim upadku kontuzje nie pozwolą ponownie dosiąść konia, nawet jeśli jest tylko kucykiem.

Oj, Regina, Regina, gdybyś ty w Polsce żyła, kredyt we franku miała, w szpitalu w kolejce stała i na śmieciówce pracowała... inaczej byś pisała. Rad radosnych nie udzielała. Twoje nastawienie do świata to typowo amerykańska witalność, wiara w *happy end*, którym kończy się każdy film produkcji USA.

Jest i kolejny klucz do sukcesu autorki: przeszła przez tyle traum, że zawsze się znajdzie osoba mogąca identyfikować się z którąś z nich. Do wyboru, do koloru, pełen asortyment koszmaru. I to jest wiarygodne. Ale głoszone przez nią recepty na szczęśliwe życie mnie irytują.

„*Wykorzystaj potęgę nadziei*". W końcu jest matką głupich, ale ty nie chcesz być sierotą.

„*Bóg wskaże ci drogę*". A jeśli w Boga nie wierzę?

„*Jeśli nie wiesz, co dalej, po prostu zrób następny właściwy krok*". Świetnie, a jeśli nie wiem, który krok jest tym właściwym?

„*Pomagaj innym w drodze na szczyt*". A kiedy tam dotrą, najprawdopodobniej o tobie zapomną.

„*Bądź oryginalny, znajdź własną drogę*". Wtedy uznają cię za dziwaka i nie znajdziesz pracy.

„*Możesz rozgniewać się na Boga, on to wytrzyma*". Bo tego nawet nie zauważy.

„*Daj z siebie wszystko i nie zadręczaj się*". Ale najpierw musisz wyłączyć mózg. Tylko ten się nie zadręcza, kto nie myśli. Co jest najskuteczniejszym sposobem na wyłączenie mózgu? Lek, alkohol i narkotyk. No i proszę – mamy kolejny problem. Nawet dziecko to wie – wystarczy, że w szkole w ramach obowiązkowej lektury poczyta *Małego Księcia*.

„Mały Książę podczas swej podróży trafił na planetę, gdzie siedział Pijak otoczony mnóstwem pustych i pełnych butelek.

– Co ty tu robisz? – zapytał go Mały Książę.

– Piję – odpowiedział ponuro pijak.

– Dlaczego pijesz? – spytał Mały Książę.

– Aby zapomnieć – odpowiedział Pijak.

– O czym zapomnieć? – zaniepokoił się Mały Książę, który już zaczął mu współczuć.

– Aby zapomnieć, że się wstydzę – odpowiedział Pijak, schylając głowę.

– Czego się wstydzisz? – dopytywał się Mały Książę, chcąc mu pomóc.

– Wstydzę się, że piję — zakończył rozmowę Pijak i pogrążył się w milczeniu”[26].

[26] Antoine de Saint-Exupéry, *Mały Książę*, przeł. E. Łozińska-Małkiewicz, Algo, Toruń 2005.

RAJSTOPY

Nie jestem wobec Reginy Brett nastawiona tak całkiem na nie. Opisuje w swoich lekcjach historyjki z własnego życia, w kilku się świetnie odnajduję. Na przykład jej przygoda z rajstopami, którą jednak w przeciwieństwie do mnie potraktowała śmiertelnie poważnie.

„(...) jak posiniaczone było moje ego po publicznym upokorzeniu, jakie sama sobie zafundowałam, bo szkoda mi było czasu na to, żeby rozebrać się jak należy”[27].

Mnie moja historia bawi do dziś.

Pamiętam taką zimę – długą, żmudną, chmurną. Jedynym sensem mego życia była wtedy praca w „Twoim Stylu” i miłość do jamnika szorstkowłosego Bolusia. Każdego dnia około dziewiątej rano przyjeżdżałam do redakcji. Psa najczęściej zabierałam ze sobą. Czekałam na zaprzyjaźnionego fotografa Piotrka Porębskiego, a potem szliśmy do redakcyjnego bufetu prowadzonego przez mamę i córkę, czyli

---

[27] Regina Brett, *Bóg nigdy nie mruga. 50 lekcji na trudniejsze chwile w życiu*, przeł. Olga Siara, Insignis, Kraków 2012.

panią Hanię i panią Beatę. Boluś pędził przed nami korytarzem, bo panie bufetowe miały w zwyczaju częstować go parówkami. (Teraz sobie uświadamiam: jak cudownie było pracować w przedkorporacyjnym systemie). Byłam w tym czasie tak mocno skoncentrowana na życiu redakcyjnym, sesjach zdjęciowych, kolegiach i tekstach, że sama prawie przestawałam istnieć. Ubierałam piękne modelki, nadzorowałam pracę stylizacji i mody, kompletnie mając gdzieś własny wygląd. Na dworze było zimno i szaro. Wracałam do domu nie wcześniej niż o dwudziestej. Kiedy robiłam kostiumy do reklam, często pracowałam w nocy. Potem krótki sen i znowu do redakcji. Pewnego poranka szłam redakcyjnym korytarzem na śniadanie. Mijałam kolejno pokoje działu reklamy, administracji, a gdy dochodziłam do sekretariatu prezesów, naprzeciwko którego znajdował się bufet, dopadł do mnie Piotrek Porębski, zanosząc się śmiechem.

– Ogon ci wystaje... – wskazał wlokącą się za mną, wystającą spod spodni na poziomie buta nogawkę czarnych rajstop.

Rzeczywiście wyglądało to jak diabelski ogon, który chciałam ukryć pod ubraniem. Ale nie miałam wtedy konszachtów z diabłem, po prostu nie chciało mi się codziennie myśleć, co mam na siebie włożyć. Nie byłam jak Steve Jobs, który posiadał całą kolekcję szarych podkoszulków, żeby nie musieć każdego dnia stawać przed takim właśnie dylematem. Przechodziłam całą zimę w polarowej bluzie koloru szaro-„murawego"[28], dżinsach i górskich butach za-

[28] Określenie wzięte z Bolesława Leśmiana.

wiązanych luźno, by można je było wkładać jednym ruchem nogi i bez schylania się. Ponieważ marzłam, pod spodniami nosiłam rajstopy. Kiedy miałam iść spać, pełen zestaw bojowy zostawiałam w fotelu obok łóżka, a rano błyskawicznie wskakiwałam w ten roboczy kombinezon. Tego dnia, wciągając spodnie, nie zauważyłam, że zostały w nich rajtki z wczoraj.

Podczas gdy próbowałam na korytarzu uwolnić się od niesfornych rajstop, Piotrek ofiarnie mi pomagał, przydeptując czarną gadzinę. Nagle z pokoju wyszedł prezes i współwłaściciel „Twojego Stylu" Grzegorz Białecki, zwany Clintonem przez niezwykłe podobieństwo z ówczesnym prezydentem USA. Uśmiechnął się na nasz widok promiennie i przeszedł obok, nie zauważając śmiertelnej walki z emancypującą się lycrą, przed którą próbowałam uciec, aby potem szybko schować ją do kieszeni. Przeszedł jak gdyby nigdy nic i rzucił nam mimochodem:

– Miłego dnia!

Zabrzmiało to tak, jakby nasza walka miała trwać do wieczora...

Do tej sytuacji świetnie pasuje powiedzenie: „Gdy się człowiek śpieszy, to się diabeł cieszy". Chociaż ja wymyśliłam inny aforyzm: „Kto się śpieszy, ten nie grzeszy". Bo żeby sobie przyjemnie pogrzeszyć, trzeba mieć na to zwyczajnie czas.

PANASONIC

Najpierw poczułam dławienie w gardle. Broda niebezpiecznie zaczęła podskakiwać. Jeszcze zaciskałam usta. Próbowałam wstrzymać oddech i zachować pozory godności. Wszystko na nic. Łzy już zaczęły nabiegać do oczu, spłynęły po policzkach, a w sercu odezwało się szczenięce patetyczne wzruszenie...

Kiedyś lubiłam się napić. Nie sączyć burżuazyjnie szampana, ale chlapnąć coś mocniejszego. Koniecznie w wesołym towarzystwie. I trochę porozrabiać. Tak to drzewiej bywało. Starałam się po powrocie do domu połknąć jeszcze dwie aspiryny i wypić przed snem duży kubek herbaty. Miał mnie uchronić przed kacową apokalipsą następnego dnia. Moja głowa, moja głowa, moja bardzo biedna głowa... Kacom towarzyszyło nerwowe wstawanie o świcie, ogólny stan roztrzęsienia i rzewna skłonność do nagłych rozczuleń.

Pewnego sobotniego poranka leżałam z psem na kanapie, tkliwie do niego przemawiając. Głowa już prawie nie bolała, telewizor był włączony, obok stała wielka butla muszynianki. Powoli zaczęłam żywić nadzieję, że to już koniec cierpień na dzisiaj. Niestety się pomyliłam. Chociaż obejrzałam jakieś powtórki *Klanu* oraz innych, równie wartościowych seriali, czułam, że mam potrzebę głębszego przeżycia, wzruszenia od dna do dna duszy. Na ekranie telewizora pojawiały się kolejne reklamy – a to ociec kazał prać w pollenie 2000, by potem kobieta pracująca z *Czterdziestolatka* potwierdziła: „Oczywiście, że prać!". A to Pyzdra z Kwiczołem zachwalali uroki margaryny kamy, by potem bohater *Klanu* zachęcał do używania kostek Knorra. No i Anna Patrycy z pewną taką nieśmiałością stosowała podpaski marki Always przy śniadaniu, obiedzie i kolacji widzów, udowadniając kobietom, że wszystkie mają błękitną krew.

I choć trochę mnie rozrzewniła reklama opowiadająca o młodej parze, która korzysta z produktów firmy Hitachi i przy czułym pocałunku oświadcza:

– Małżeństwo to małżeństwo z Hitachi…

…to wciąż udawało mi się godnie trzymać. Ale nadszedł ten moment, kiedy lodołamacz już był w stanie złamać najtwardsze serca świata, zwłaszcza serca mocno skacowane. Na końcu reklamy sprzętu elektronicznego pokazał się dumny i szlachetny w swej czerni ekran z prostym białym napisem, a męski głęboki głos z patosem i przejmująco perfekcyjnym akcentem brytyjskim wymówił to jedno magiczne słowo:

– PANASONIC…

Dotknęło duszy po samo jej dno. Dotknęło, szarpnęło, rozlało się błogim ciepłem… Łzy ciekły po policzkach, a zmieszany całą sytuacją pies próbował je zlizać, przepraszająco merdając przy tym ogonem. Po kilku godzinach zadzwoniłam do Małgośki Daniszewskiej, by zapytać, jak się czuje. W dużej mierze to ona była współsprawczynią tych kacowych wzruszeń. Opowiedziałam jej o swoim porannym płaczu. Ale poczułam się rozczarowana, bo wcale jej to nie rozbawiło ani nie zaskoczyło. Małgośka tylko powiedziała:

– Ja to najbardziej płaczę przy tej reklamie proszku do prania, w której mówią: „Taki ładny sweterek, a tak zafarbował".

Hanka Bakuła stwierdziła kiedyś, że powinni uruchomić specjalny kanał dla zalegających z kacem. Powinien być cichy, spokojny, nieabsorbujący. Na przykład taki rodzaj Animal Planet, gdzie pokazują tylko leniwie pływające żółwie i słychać kojący niczym szum oceanu głos Krystyny Czubówny.

Kac ma jeszcze jedną szczególną właściwość – metafizyczną! Potrafi z człowiekiem zrobić to, co zrobił z bohaterem *Takiej pięknej żałoby* Bohumila Hrabala. Po wieczorze spędzonym z panią rzeźnikową, która częstowała naleweczkami i likierami, następnego dnia mocno skacowany „chociaż wolnomyśliciel, prosił Pana Boga, żeby go wziął do siebie"[29].

[29] Bohumil Hrabal, *Taka piękna żałoba*, przeł. Andrzej Czcibor-Piotrowski, PIW, Warszawa 1983.

25 grudnia 2014 r.

BLACK CHRISTMAS

Więź ze zmarłym może być silniejsza niż za życia. Tych, co żyją obok nas, nie wspominamy, nie tęsknimy bezpowrotnie za nimi. Po prostu są. Można ich kochać, kłócić się z nimi, mieć czasem ich dość. Jednak zawsze, gdy przejdzie nam złość, zadzwonić do nich. Zmarłym można postawić choinkę przy grobie, zapalić lampkę i zatęsknić za nimi.

A w Onecie też wesoło: *Tomasz Beksiński: wspomnienia z otwartej krypty.*

„Przestał oddychać w wigilię Świąt Bożego Narodzenia 1999 roku po zażyciu ogromnej ilości środków psychotropowych. Była to już jego trzecia próba samobójcza, tym razem udana. Wcześniej żegnał się zarówno ze słuchaczami Trójki, jak i z czytelnikami miesięcznika »Tylko Rock« – w wyjątkowo gorzkim felietonie »Fin de siècle«, napisanym jak zwykle pod szyldem »Opowieści z krypty«, krytycznie podsumował współczesną kulturę masową i rzeczywistość, wymieniając też te rzeczy, dla których warto było żyć. »Wszystkie te chwile przepadną w czasie jak łzy w deszczu. Pora umierać. Tomasz Beksiński (1958–1999)«. Kilka dni później odszedł"[30].

A za oknem ciemno, wietrznie, deszczowo...

Wchodzę na inne portale. Tam jeszcze lepiej. *Wczoraj zmarł Krzysztof Krauze; Wielki smutek w domu Ani Przybylskiej; Zginął w Wigilię, bo się spieszył; Najtragiczniejsze święta od lat: zginęło 14 osób.* No i – *Zabił psa siekierą, bo nie chciał się nim zajmować.* Cholera, po co ja to czytam?! Masochizm jakiś czy co? Przecież ludzie zawsze umierali. Ale w młodości nie jest się tak wyczulonym na śmierć, jakby było jej mniej wkoło. Ja pamiętam tylko śmierć babci i Lennona.

Żeby podręczyć się jeszcze trochę, mały fragmencik z Jana Lechonia:

> Jest mi dzisiaj źle bardzo, jest mi bardzo smutno,
> Myśli mam zwiędłe, chore, jak kwiaty na grobie,
> Za oknami wisi niebo niby szare płótno.
> Nie mogę dziś cię kochać i myśleć o tobie[31].

Jak byście, drodzy Czytelnicy, nie wiedzieli – Lechoń też popełnił samobójstwo.

---

[30] muzyka.onet.pl/rock/polscy-dziennikarze-muzyczni-tomasz-beksinski-wspomnienia-z-otwartej-krypty/6mx08.

[31] Jan Lechoń, *Zazdrość* [w:] *Poezje zebrane*, Algo, Toruń 1995.

26 grudnia 2014 r.

WHITE CHRISTMAS

Ale się wczoraj zdołowałam. Wielka smuta. Dziś już biało i nawet słońce trochę się przedziera. Znów trzeba napisać jakiś wesoły rozdział, żeby nie zadręczyć czytelnika, no i wykrzesać trochę poczucia humoru.

Było o Lechoniu, ponuro. To teraz jego kolega, Marian Hemar, który napisał sporo piosenek zimowych. Jak on lubił śnieg (ale też umarł)...

Całą noc padał śnieg
Cichy, cichy, cichuteńki
Przyszedł świt, a tu świat
Cały biały, bielusieńki
(...)
Niech cię głowa już nie boli, niech cię smutna myśl nie trapi,
bo od dziś, bo od dziś – pokój ludziom dobrej woli.
Otwórz oczy, znów się zbudź z mroków czarnej melancholii

i ptaszęcym głosem nuć – pokój ludziom dobrej woli.[32]

Uff, od razu lepiej. To już tylko zerknę, co nowego w internecie, i biorę się za pisanie dowcipnego rozdziału. Otwieram i... nie, nie, nie... *Nie żyje Stanisław Barańczak.* To się pocieszyłam. *Dziesiąta rocznica tsunami, zginęło 230 tysięcy osób. Dwudziestodwulatek ugrzązł w bagnie i zamarzł.* Naprawdę?!! Koniec z internetem na dzisiaj.

To sobie strzelę jakiś skandynawski kryminalik, tak zwany *nordic noir.* Mimo wszystko z niewiadomych przyczyn czuję, że mi wzrasta poziom serotoniny. Albo jestem borderline...

Noc, całą noc dzisiaj zdrowo padało,
pierwszy zimowy spadł śnieg
i zasypało mię wszystko na biało,
spadł, zdrajca, nocą i cicho legł.[33]

---

[32] Marian Hemar, *Całą noc padał śnieg* z albumu *Zbigniew Preisner „Moje kolędy na koniec wieku"*, Plus GSM + „Gazeta Wyborcza", 1999.

[33] Andrzej Rosiewicz, *Zenek blues.*

27 grudnia 2014 r.

RAJ

Nie grzeją kaloryfery. Nie mam ciepłej wody, ale to nie wina Tuska, tylko piecyka, który się popsuł. Czemu takie rzeczy zawsze dzieją się w święta lub weekendy? Zimno jak cholera. Zaraz, zaraz... a kto to powiedział: „Miałem zły dzień. Tydzień. Miesiąc. Rok. Życie. Cholera jasna"? A tak, jak zwykle niezawodny Charles Bukowski.

No więc zimno jak cholera. Ale jednocześnie cudownie cicho i spokojnie, że nie dzwonię po pogotowie gazowe. Okutana w dwa swetry i grube skarpety leżę ze ślicznym niebieskim termoforem od Fedka. Na kanapie. Pod kocykiem. Jak królowa! Przy uchu mruczy Rudolf. Włączyłam *Koncerty brandenburskie* Bacha. Raj! Bo o raju właśnie czytam. Odrabiam gazetowe zaległości i zaczynam od „Dużego Formatu".

W ostatnim „DF" dwóch dziennikarzy przepytuje ludzi na temat ich wizji raju. Bardzo różnych ludzi. Jest prezes spółki z ograniczoną odpowiedzialnością, poetka, dwóch psychologów, analityk domu inwestycyjnego, scenarzysta, arcybiskup katolicki, protestant, poseł PSL, publicysta katolicki, pani filozof i teolog, pisarz amerykański, kobieta po przejściu śmierci klinicznej, żyd, starosta, muzułmanin, buddysta i mieszkanka wsi Raj. Niezły przekrój społeczny i kompletnie różne wizje raju. Czytam i zaczynam w tym szukać siebie. Odnajduję, paradoksalnie… w wizji Tomasza Terlikowskiego:

„– Są miejsca, które znam i kocham, na przykład Bieszczady, więc pewnie to będzie tak jak tam, tylko tysiąc razy bardziej.

– Błoto?

– Jak ktoś je lubi, to czemu nie”[34].

No właśnie. Jeżeli byłabym wierząca i miała wyobrazić sobie raj, to moje niebo byłoby tu, na ziemi. W konkretnym miejscu…

[34] Marcin Wójcik, Tomasz Kwaśniewski, *Jaki jest twój raj*, „Duży Format" z 24 grudnia 2014.

BEZCZAS NA ZMYSŁY

Czas jest seryjnym mordercą. Zabił tysiące pokoleń, zburzył dziesiątki cywilizacji. Wymordował dzieci, którymi byliśmy, zdegradował starością nasze ciała. Bezkarny i obojętny w unicestwianiu wszystkiego, co żyje, a nawet tego, co martwe – sam decydując, co na zawsze wrzucić w niepamięć. Nie można się przed nim schować ani uciec, chyba że w kosmos, ale i tam nas dorwie, tyle że później. To czas jest władcą świata, okrutnym i bezwzględnym. Jeśli więc miałabym sobie wymyślić mój raj, czas nie miałby tam władzy. Tak jak we śnie wszystko mogłoby się dziać jednocześnie.

Gdy jest się dzieckiem, chce się czas przyspieszyć. Popędzić go chociaż o kilka dni do przodu, bliżej wakacji. W młodości ufa się mu, że spełni nasze marzenia lub uleczy miłosne rany. Gdy jest się starym, chciałoby się czas zatrzymać, a nawet cofnąć. Zawrócić...

A oto mój raj: dom w Kościelisku, w końcu lat sześćdziesiątych dwudziestego wieku. Ja jestem duchem i sobie krążę. Nie ma przeszłości i przyszłości. Jest tu i teraz, w którym wszystko się mieści. Jest moja ukochana babcia i są ci, którzy tworzyli to miejsce. Doktor Dłuski i jego żona Bronisława wciąż dbają o sanatorium. Przebywa u nich na urlopie Maria Curie-Skłodowska. Ich córka Helena właśnie zdobywa z kuzynką kolejny szczyt tatrzański.

Przyjeżdża mój ojciec w odwiedziny. Słyszę zaraźliwy śmiech Luśki Parowej. Gonia z książką siedzi na werandzie otoczona kotami. Znowu możemy godzinami rozmawiać. Są w moim niebie i zwierzęta. Bo co to byłby za raj bez możliwości głaskania psów? Czy byliby w nim mężczyźni? Oj, tak! Przynajmniej jeden, no – może dwóch...

No i byłaby możliwość wyboru – w jakim kto chce być wieku. Jak w wizji Kurta Vonneguta, choć akurat w jego przypadku nie skończyło się to dobrze. Myślał, że w niebie pogodzi się z ojcem, napisał na ten temat opowiadanie, lecz... „Jako autor opowiadania z dużym niesmakiem stwierdziłem, że mój ojciec w niebiesiech umyślił sobie mieć lat raptem dziewięć. Ja sam zdecydowałem się na czterdzieści cztery – mężczyzna już szacowny, a przecież wciąż atrakcyjny dla dam. Mój niesmak z powodu ojca przerodził się w zakłopotanie, a następnie we wściekłość (...). Łobuzeria ścigała go, dopadała, ściągała mu spodnie i majtki i wrzucała je w otwór piekielny (...). Ilekroć ojcu ściągnęli majtki, przylatywał do mnie, purpurowy z wściekłości. Najczęściej trafiał w moment, kiedy właśnie zawierałem znajomość i starałem się wywrzeć jak najkorzystniejsze wrażenie – a tu tatuś miotający w koło mięsem, z mizernym dyndzelkiem bujającym na wietrze.

Poskarżyłem się na niego matce, ale matka stwierdziła, że nikogo takiego nie zna, podobnie zresztą jak i mnie, gdyż ma zaledwie szesnaście lat"[35].

To może inaczej – w moim raju każdy miałby tyle lat, ile chciałby mieć, i tyle, ile powinien mieć dla innych.

Siedząc na werandzie pośród zwierząt, wystarczyłoby się wychylić, aby zobaczyć łapiącego na łące motyle Władimira Nabokowa. I spytać go, dlaczego tak się bał psychoanalizy? Przy okazji sprawdzić, czy może nie dlatego, że jest otoczony rojem nastoletnich lolitek? Tak jak muzułmanin, który ma przyobiecane w raju dostać nawet siedemdziesiąt dwie hurysy... No właśnie, ziemskie rozkosze, których spróbowaliśmy tutaj, powinny być tylko przedsmakiem tego, co nas czeka w niebie.

> W ciemnościach – w radościach
> – na granicy łkania
> Mdlało od nadmiaru niedoumierania...[36]

W moim raju wszystkie zmysły byłyby ważne. Smaki i zapachy też, bo utrwalają pamięć miejsca i czasu. Jak smak magdalenki u Prousta – jednocześnie boli i jest przyjemny. W moim raju byłby zapach mrocznej sieni domu w Kościelisku. Również metaliczny zapach obierek kartoflanych w koszu na śmieci. Dobrze pamiętam tę woń – panie z kuchni wyrzucały obierki do metalowego wiadra,

---

[35] Marcin Wójcik, Tomasz Kwaśniewski, *Jaki jest twój raj*, „Duży Format" z 24 grudnia 2014.

[36] Bolesław Leśmian, *Nocą umówioną* [w:] *Napój cienisty*, J. Mortkowicz, Warszawa 1936.

które stało w sieni. Dlatego obierki też metalicznie pachniały.

Zwykle najmocniej boli teraźniejszość. A coś, co zostało zapamiętane z dzieciństwa, nawet jeśli w tej dziecięcej teraźniejszości było niedobre, we wspomnieniu przeradza się w przyjemne. Albo inaczej – wypieramy złe, zachowujemy tylko dobre. Jeżeli teraźniejszość przechodzi nagłe przemiany, staje się zamachem na nasze wspomnienie. Jeśli ludzie pamiętający czasy przedwojenne tęsknili za nimi w komunie – to tak samo my, dzieci PRL-u, mamy prawo za naszym szczenięcym okresem tęsknić. Za smakiem landrynek, oranżady w proszku, zapachem chińskich gumek, za głosem Jana Suzina zapowiadającym w czwartkowy wieczór *Kobrę* w czarno-białym telewizorze... I za światłem. Tak, za światłem, które też zmienia się bezpowrotnie. Dzisiaj mamy kolorowe telewizory, jaskrawe reklamy, ale czasem tęsknimy za tamtym światłem. A może bardziej za cieniem?

Kiedyś były miejsca ciemne, tajemniczo-mroczne, i na tym polegał ich urok. Teraz są rozświetlone latarniami. Albo jeszcze gorzej – wściekle intensywnymi neonami. Kiedyś były miejsca zadrzewione, a teraz po wycince postawiono tam domy. Albo jeszcze gorzej – utworzono parkingi. Niby te same miejsca, a całkiem inne.

A w raju zmian nie ma. Jest trwałość tego, co kochamy. Mieszkanka wsi Raj powiedziała dziennikarzom „Dużego Formatu", że w jej własnym raju mogłoby być jak teraz:

„– Ja obieram ziemniaki, Stefan dokłada do pieca”[37].

No właśnie, kochanie-niedoumieranie.

I taka drobna uwaga na koniec. Jeśli rzeczywiście po śmierci zamienię się w duszyczkę, która pomieszkiwać będzie w modrzewiowym dworku w Kościelisku, chcę uspokoić nowych właścicieli, że mój duch nie będzie ich nękać ani straszyć jak w horrorze. Chociaż... mały żarcik, jakieś niewinne skrzypienie szafy...

[37] Marcin Wójcik, Tomasz Kwaśniewski, *Jaki jest twój raj*, „Duży Format” z 24 grudnia 2014.

OPOWIADANIE O DUSZY

Wśród rozmówców „Dużego Formatu" był również Krzysztof Piesiewicz. Jego refleksja na temat śmierci ojca poruszyła mnie szczególnie.

„Umierał mój ojciec. Wszedłem, a on zaczął tak jakby się podnosić, miałem wrażenie, że chce mi coś powiedzieć. »Tato, słucham«. Zaczął dyszeć. Kilkanaście oddechów, a potem koniec, i wtedy miałem takie absolutne wrażenie, że on oddaje jakieś ciepło. Myślę, że to jest do opisania w sensie empirycznym, ponieważ człowiek ma jakąś temperaturę, stygnie. I to jest właśnie to całe wielkie opowiadanie o duszy, która się gdzieś ulatnia"[38].

[38] Tamże.

PRZEZ SŁOMKĘ

„Wieńcówka to taka choroba, że trzeba kupować już wieniec".

Tak żartowaliśmy z Markiem Kąckim, kiedy mieliśmy po dwadzieścia parę lat. Dziś prowadzimy rozmowy o przemijaniu i śmierci. Nie to, żebyśmy już nie potrafili się wygłupiać. Ale po śmierci taty Marka, który zmarł na serce, przestaliśmy drwić z wieńcówki tak beztrosko.

Pamiętam oddech babci jeszcze na wiele lat przed jej śmiercią. Sercową zadyszkę, świszczące wdechy powietrza, gdy powoli wchodziła po schodach, wspierając się o ścianę.

– Musisz schudnąć! – wyrokowała w takich momentach mama.

Babcia z lekceważeniem machała wtedy ręką. No i rzeczywiście, w końcu zmarła na raka.

Kiedy jeździłyśmy z babcią w góry, zabierała mnie kolejką na Gubałówkę.

– Oddychaj, Moniczko, oddychaj! Górskie powietrze jest bardzo zdrowe.

Gdy byłyśmy w Juracie, ciągnęła mnie na przeciwległą nadmorską plażę.

– Oddychaj, Moniczko, oddychaj!

– Przecież oddycham...

– Ale głęboko. Wciągaj jod, bo morskie powietrze jest bardzo zdrowe.

I tak oddycham i oddycham od przeszło pół wieku. Ale dobrze, bo oddychając, spalam tłuszcz. Dowiedziałam się o tym podczas lektury artykułu w „Gazecie Wyborczej". Amerykańscy naukowcy dowiedli, że „aby spalić kilogram tłuszczu, trzeba połączyć go z 2,9 kg tlenu (który zaczerpujemy z powietrza, oddychając). Produktem spalania – oprócz energii – będzie 2,8 kg dwutlenku węgla oraz 1,1 kg wody. Na marginesie: to właśnie ze spalania tłuszczu zgromadzonego w garbach wielbłądy pozyskują deficytową na pustyni wodę. My wydalamy wodę w postaci potu, moczu, łez, w kale, z innymi płynami ustrojowymi – i jako parę wodną. Dwutlenek – z każdym oddechem"[39].

Pewien bliski memu sercu znajomy, człowiek wybitny intelektualnie i twórczo, który kilka lat temu zniknął z życia publicznego z powodu trudności w zmaganiu się ze światem i własnymi emocjami, na moje pytanie, jak się czuje, odpowiedział:

– Wciąż oddycham, choć z głową pod wodą. Oddycham przez wystawioną na powierzchnię słomkę.

[39] Irena Cieślińska, *Odchudzamy się przez... płuca*, „Gazeta Wyborcza" z 31 stycznia 2014.

FOTOGRAFIA

Nawet delfin musi się wynurzyć z wody, żeby wziąć oddech. Choć nie jest zwierzęciem lądowym.

Lubię pływać. Nie chcę się afektować, ale śmiało stwierdzić mogłabym, że kocham wodę. Nie przepadam za to za basenami, szczególnie pełnymi wrzeszczących bachorów. Jestem też pewna, że sikają do wody, bo chyba nikt już ich nie straszy jak za naszych dziecięcych lat – że w basenie jest specjalna substancja, która barwi się na różowo wokół sikającej osoby (podobno w Krakowie na żółto...). Co więcej, sprawca nie może nawet uciec od swojego moczu, bo nachalna różowa plama ściga go już do końca pobytu w basenie.

No nie... to miał być liryczno-refleksyjny rozdział o historii zdjęcia, które znalazło się na okładce.

A więc jeszcze raz: nawet delfin musi się wynurzyć z wody, żeby wziąć oddech. Ja też jestem ssakiem i choć marzyło mi się długie pływanie pod wodą, to dopiero nurkowanie uświadomiło, jak bardzo ważne jest dla mnie oddychanie w naturalny dla człowieka sposób. Przypomina mi o tym właśnie ta fotografia zrobiona blisko dwanaście lat temu w Egipcie. Skończyliśmy z Fedkiem kurs dla płetwonurków PADI i wybraliśmy się nad Morze Czerwone. Wstawaliśmy, kiedy jeszcze było ciemno. Jechaliśmy do portu, żeby dopłynąć na małym stateczku w pobliże raf koralowych. Widziałam bajeczne kolory ryb. Czułam, jakbym znalazła się w najpiękniejszym nierealnym śnie. W wirtualnym świecie. No właśnie. Ale nie w moim. Świadomość ciężarków przytwierdzonych do pasa, wielkiej jak dla mnie butli ze sprężonym powietrzem, ustnika automatu oddechowego, octopusa i jakichś innych dziwactw technicznych, których nazw już nie pamiętam... To wszystko nie pozwalało mi w pełni oddać się przyjemności nurkowania. Jeśli nawet na chwilę zauroczyłam się paradnym widokiem, to po kilku minutach miałam już ochotę, czy może bardziej potrzebę, wypłynąć na powierzchnię choć na sekundę, by nabrać tchu. Zdarzało się, iż przeczuwałam nadchodzący atak paniki, kiedy miałam wrażenie, że tracę oddech i zaraz się uduszę. Dawałam znak instruktorowi, że natychmiast muszę się wynurzyć. A w takiej sytuacji należy wskazać kciukiem w górę. Na ziemi ten gest oznacza, że wszystko jest w porządku. Ba, nawet super. A przynajmniej w krajach europejskiej cywilizacji. Bo na przykład w Japonii oznacza chłopaka w sensie partnera, a w Iranie i na Sardynii jest gestem wulgarnym jak u nas „fuck" czy „wał". Pod wodą oznacza, że coś jest nie tak i trzeba płynąć na powierzchnię. Ale w chwili paniki człowiek działa instynktownie, trudno mu więc dostosować się do pobieranych na kursie nurkowania nauk. Na dodatek, kiedy nienaturalnie podnosi kciuk do góry, instruktor pokazuje kciukiem w dół, co na lądzie zwykle kojarzy się źle. Rzymscy władcy tym gestem skazywali na śmierć... A instruktor robi to dla dobra nurkującego, który nie może za szybko się wynurzyć, aby nie nabawić się choroby dekompresyjnej czy uszkodzić błony bębenkowej. Instruktor trzyma za nogę, przytapia, a człowiek doznaje w panice jednocześnie jakiegoś pomieszania aksjologicznego.

Po dwóch nurkowaniach dziennie robiło mi się też okropnie zimno, pomimo że temperatura wody miała ponad dwadzieścia stopni, a ja pływałam w piance. Pewnego dnia w drodze powrotnej do portu siedziałam na pokładzie skulona, przykryta dwoma ręcznikami i ogrzewałam się w zachodzącym słońcu. Czułam zmęczenie i senność, ale przede wszystkim poczucie szczęścia swobodnego oddychania. Po prostu siedzę sobie i oddycham w swoim naturalnym środowisku. W momencie tego błogostanu Fedek zrobił mi zdjęcie. Choć jest ono jednym z moich ulubionych, to przypomniałam sobie o nim dopiero teraz, w kontekście tejże książki – i wybrałam jako zdjęcie okładkowe. Bo najważniejszym bohaterem fotografii jest mój oddech, na który nakłada się symboliczny cień krzyża na pierwszym planie i koło ratunkowe za plecami.

Wciąż lubię nurkować, ale zrezygnowałam ze specjalistycznego sprzętu głębinowego. Maska, rurka i płetwy wystarczą, by zostać nurkiem. Widoki podobne, a odczucie wolności i bezpieczeństwa nieporównywalne. To jak najbardziej naturalne dla ssaka. Delfin śpi w wodzie na głębokości pięćdziesięciu centymetrów z jednym otwartym okiem. Co trzydzieści sekund wynurza się, aby złapać oddech, nie przerywając sobie snu.

PIEKŁO

– Mamo, to w końcu wierzysz w życie pozagrobowe?

– Wyłącznie.

– Jak to?

– Bo tu i teraz jest życie pozagrobowe. Kiedy chodzimy, jemy, oddychamy, wszystko to dzieje się poza grobem. Kiedy umieramy, trafiamy do grobu, więc możemy powiedzieć, że teraz cały czas żyjemy życiem pozagrobowym.

– Fajnie to wymyśliłaś, mamo.

– Nie ja, natura.

To tak na potrzeby dziecka... Ale gdybym miała sobie wyobrazić, jak wygląda piekło, nie byłoby w nim diabłów, które smażą nas w smole i dźgają widłami. Wystarczającą torturą byłaby niemoc przy zachowaniu pełnej świadomości. Gdyby Bóg istniał i był sadystą, piekło oznaczałoby, że widzimy najbliższych, tych, których kochamy, a nie możemy im w niczym pomóc ani poradzić, ani wpływać na ich decyzje. Nie możemy wspierać ich w cierpieniu ani ostrzegać przed niebezpieczeństwem. Patrzymy bezradnie na ich choroby i dramaty. Często takie piekło mamy na ziemi w naszym codziennym życiu pozagrobowym.

DZIEWCZYNA O PERŁOWYCH WŁOSACH

Tańczyliśmy na odległość sztywno wyprostowanych rąk. Dziewczyny kładły je na ramionach chłopaków, a oni nieśmiało trzymali partnerki w talii. Z adapteru lub magnetofonu szpulowego płynął przebój węgierskiego zespołu Omega *Gyöngyhajú lány*.

Egyszer a nap
Úgy elfáradt,
Elaludt mély,
Zöld tó ölén...

Nie rozumieliśmy ani słowa, a i tak było bardzo romantycznie. Tak kiwać się z boku na bok, ze smutną miną i zawieszonym w okolicach stylonowych firanek spojrzeniem. Fryzura *à la* Suzi Quatro i Chris Norman, elastyczne golfy spocone już przed trzecim tańcem... Dzisiaj domówki podobno wracają. Dzisiaj też mogę znaleźć w internecie tłumaczenie piosenki zespołu Omega.

A włosy? Rzeczywiście są bardzo ważne – i dla kobiet, i dla mężczyzn – w każdej kulturze i religii świata. I jak bardzo przeciwstawne jest ich znaczenie. Mowa włosów prawie równa się sile wypowiadanych przez człowieka słów. Według *Słownika symboli literackich* symbolizują Opatrzność, ogień, bohaterów słonecznych, potęgę magiczną, duszę, siłę, miłość, energię twórczą, szacunek, honor, żałobę i płodność. Symbolizują również wieczność, bo w przeciwieństwie do ludzkiego ciała nie rozkładają się, przez tysiące lat zachowując swój niemal pierwotny stan. Można więc powiedzieć, że człowieka nie ma, ale coś po nim zostaje – włosy.

Utrata ich przez obcięcie lub ogolenie oznacza z kolei hańbę lub ofiarę. Stąd biblijny Samson wraz z obcięciem włosów utracił siłę, a zwyciężeni królowie musieli golić nie tylko głowę, ale i owłosienie na rękach oraz nogach. I stąd też w czasie drugiej wojny światowej obcinano włosy kobietom oskarżonym o zadawanie się z okupantami niemieckimi.

W średniowieczu kobiety musiały zakrywać włosy, bo mógł się w nich zadomowić diabeł. Muzułmanki do dzisiaj zakrywają głowy, aby nie kusić mężczyzn, bo włosy to symbol erotyzmu. Ortodoksyjnym żydom noszenie pejsów zostało nakazane przez Księgę Kapłańską. A żydówki po zamążpójściu golą owłosienie na całym ciele i noszą peruki zwane schajtel. Co ciekawe, większość peruk na świecie wyrabianych jest z włosów Hindusek, które składają je w ofierze bogu Wisznu, z czego korzystają międzynarodowe firmy uprawiające handel włosami. No i nagle okazało się to problemem w przypadku żydówek. Pewien rabin oświadczył, że włosy Hindusek nie są koszerne... bo Hindusi czczą wielu bogów, co jest bałwochwalstwem. Dla sikhów dwoma z Pięciu K, czyli najważniejszych symboli, są Kesa (niestrzyżone włosy na znak doskonałości Boga) i Kangha (drewniany grzebień do ich czesania). W kulturze chrześcijańskiej mężczyzna ma mieć głowę odkrytą, a kobieta zakrytą. Kiedy z ojcem byliśmy w Watykanie na spotkaniu z Janem Pawłem II, też musiałam mieć na włosach czarną koronkową mantylkę.

Oczywiście ważne w świecie męskim były postrzyżyny, które wprowadzały chłopca w dorosłość – a więc krótkie włosy oznaczały męskość. Jednocześnie golono głowy żołnierzom, więźniom, w tym więźniom obozów koncentracyjnych, robotnikom w fabrykach, chorym umysłowo przyjmowanym do zakładów i sierotom w domach dziecka. Bo to odbierało tożsamość i zmuszało do posłuszeństwa, a równocześnie chroniło przed insektami. Golenie głowy przez mnichów (tonsura) oznacza natomiast całkowite oddanie się Bogu. Ale może być też na odwrót: ostrzyżenie się na krótko przez kobiety oznacza wyzwolenie spod władzy męskiej, a u mężczyzn golenie na łyso – męskość i atrakcyjność seksualną... Lata sześćdziesiąte to hipisi i długie włosy oznaczające wolną miłość oraz bunt przeciwko materializmowi. Pamiętam sceny z popularnej wśród nas wszystkich *Wojny domowej*: Pawełek, aby mógł pójść na koncert znanej piosenkarki, musi najpierw pójść do fryzjera. Obcinanie włosów kojarzy mu się z obcinaniem głów na gilotynie. Co wcale nie było takie od rzeczy, bo w porewolucyjnej Francji zrezygnowano z bujnych peruk na rzecz naturalnych krótkich włosów...

Jako stylistka wielokrotnie w swojej pracy spotykałam się ze zjawiskiem obcinania włosów przez kobiety, które znalazły się na życiowym zakręcie. Rozwód, zmiana pracy, odejście dzieci z domu czy determinacja, aby zmienić dotychczasowe życie.

Rytuał przejścia. Ostrzyżenie włosów i często towarzysząca temu zmiana koloru były jakby symbolicznym odcięciem się od przeszłości i początkiem nowego życia. Wejście na scenę nowej rzeczywistości w odmienionym emploi.

Można by na temat włosów rozwodzić się jeszcze długo. Bo to nie tylko problem kultury i religii. Również psychiatrii. Wariatki zwykle kojarzą się z rozwichrzonymi włosami. Podobnie czarownice. Szaleństwo i czarna magia zawsze szły w parze. Z włosów również sporządzane były magiczne mikstury.

Można też rwać włosy z głowy albo dzielić włos na czworo. Trudno też nie wspomnieć o słynnych fryzjerach i ich słynnych klientach. W pierwszych dekadach XX wieku w Paryżu królował Antoine de Paris rodem z Sieradza. W Londynie od lat trzydziestych Vidal Sassoon. Dzisiaj oczywiście najsłynniejsi pracują w Hollywood. Chociażby Ted Gibson, fryzjer takich gwiazd jak Angelina Jolie, Anne Hathaway, Mila Kunis czy Renée Zellweger. Jeżeli ktoś chciałby skorzystać z jego usług, proszę bardzo, oto adres: Ted Gibson Salon, 184 Fifth Avenue, 2nd floor, New York City. Koszt wizyty – około trzech tysięcy złotych...

MYĆ CZY NIE MYĆ?
– OTO JEST PYTANIE

Pamiętam ten czas, gdy pracowałam w Deni Cler – jeździłyśmy z dziewczynami do Włoch. Zwykle na pierwsze spotkanie z producentem byłyśmy umówione o dziewiątej rano. Ósma trzydzieści zbiórka i odjazd z hotelu. Dla mnie to oznaczało, że mogę pospać do ósmej. Wieczorny prysznic, ubranie przygotowane na krześle i pośpieszne śniadanie. Spać, spać, spać jak najdłużej. Nic z tego. Już po szóstej zza ściany z obu stron pokoju naparzały suszary z sąsiadujących łazienek. A ja wzięta w dwa ognie – z poduszką na głowie. To koleżanki zaczynały dzień od mycia włosów i układania ich na szczotce. Z ziemi polskiej do włoskiej eksportowały świeże, dumne fryzury.

Gdy byłam dzieckiem, nie traktowano codziennego mycia włosów jako zdrowe. Wręcz przeciwnie. A cesarzowa piękna, czyli Helena Rubinstein, od lat powtarzała naszym babciom i matkom, że należy przed snem kilkadziesiąt razy wyczesać włosy, a wtedy będą mocne i błyszczące. Czesać, a nie myć! W czarno-białych filmach sceny z kobietą przed toaletką ze szczotką do włosów były bardzo popularne.

Zwykle kobiety siedziały w lekko przezroczystych peniuarach i starannie czesały loki, spoglądając rozmarzonym wzrokiem na swe odbicie w lustrze. Albo były czesane przez pokojówki. To była na tyle intymna czynność, że mężczyźni raczej nie mogli w niej uczestniczyć. Tak samo wałki na głowie kobiety były wstydliwie skrywane przed mężczyznami. Z czasem wałki stały się symbolem nudy małżeńskiej: jeśli żona już nie kryje się z wałkami przed mężem, oznacza to, że czas fascynacji partnerskiej się skończył.

Pamiętam, że mama koleżanki gotowała szare mydło, „bo nie było w nim chemii". Powstawał z tego gęsty popielaty kisiel, a włosy po umyciu nim były matowe i sztywne. Dlatego trzeba było je potem spłukać mieszanką wody z cytryną lub octem. Nie za ładnie pachniały, ale przynajmniej zaczynały błyszczeć.

Aby były podatne na układanie, stosowano piwo. Po nim włosy stawały się twardsze i sprężystsze, bo chmiel ma takie właściwości. I jak zawsze, dziewczyny mające proste włosy marzyły o kręconych. A te z kręconymi marzyły o prostych. To kolejny paradoks włosów. Stosowano też naturalne maseczki pielęgnacyjne – z oleju rozmarynowego albo z tłustego białego twarogu połączonego z sokiem z cytryny. Do rozjaśniania włosów najlepsze były płukanki z rabarbaru lub rumianku. Zdrowo też było płukać włosy deszczówką.

Pamiętam, jak w *Wojnie domowej* pani Irena wraca do domu i zastaje Anulę z koleżanką, które wychylają się przez okno z miednicami w rękach. Na pytanie pani Ireny:

– Co wy robicie?

Koleżanka odpowiedziała:
– Deszczówkę łapiemy...

Bo na włosy była najlepsza. Woda w kranie, mocno chlorowana, bardzo źle na nie wpływała. A dzięki deszczówce stawały się miękkie i jedwabiste.

No ale najważniejszym symbolem pięknych włosów była oczywiście Violetta Villas. Często o to pytana odpowiadała, że przez całe życie stosowała metody naturalne. Rumianek do rozjaśniania, a do pielęgnacji czosnek z dodatkiem żółtka, sok z cytryny lub cebuli, kozie mleko oraz nieoczyszczoną naftę. O sobie mówiła: „Łóżko pełne włosów". Ciekawe, jak sobie radziła z ich myciem...?

Do mojej babci, która pomieszkiwała w Magdalence, raz na jakiś czas przychodziła pomóc w sprzątaniu kobieta będąca równocześnie gosposią Violetty Villas. Głośna piosenkarka miała willę niecały kilometr od działki babci. A gosposia nie należała do osób dyskretnych. Nie tylko że zdradziła tajemnicę cudownej mikstury z żółtek przepiórczych jaj na piękne włosy. Z wypiekami na twarzy i niezdrowym uśmieszkiem opowiadała także o bezwstydnie zawieszonym na suficie w sypialni Violetty lustrze. Sekret ten podawany był z ust do ust, a ja jako dziecko nie bardzo rozumiałam, dlaczego dorośli na tę wiadomość albo się gorszą, albo chichoczą.

Znam tylko kilka kobiet, które przyznają się do tego, że nienawidzą myć włosów. Może są takie, które to lubią – ale ja nie znoszę. Dlatego wolę nosić długie, bo zawsze można je ściągnąć do tyłu i spiąć gumką. Najgorzej jest z myciem włosów w depresji.

Właśnie wygooglowałam sobie Suzi Quatro i Chrisa Normana, lidera zespołu Smokie, w ich słynnym przeboju *Stumblin In*. Wysłuchałam z radością i z przyjemnością patrzyłam na rodzący się chyba między piosenkarzami romans. Suzi sprawiała wrażenie bardziej zaangażowanej. Poprawił mi się nastrój, ale mam nadzieję, że za mojego życia takie fryzury już nigdy nie wrócą.

Jakby ktoś chciał sobie przypomnieć przebój i pooglądać fryzury z lat siedemdziesiątych, to proszę: youtube.com/watch?v=PBLN7lFUN6E.

Są też wpisy pod nagraniem – w wielu językach:

~ *Bella cancion. Para recordar esos bellos tiempos.*

~ *Que dueto! Maravilha de música!!!*

~ *Still great song after all these years.*

~ *Как я люблю эту песню!!*

~ *Mój mąż jest zachwycony. Pięknie. Ja osobiście nie lubię Quatro i nigdy jej nie lubiłam. Cześć.*

DZIEWICA

– No nie! Czy w każdym filmie zawsze muszą się całować?! – pyta z retoryczną odrazą Gucio, zasłaniając oczy. – Wszędzie tylko love, sex i durex! – przytacza zohydzoną reklamę.

Z tego, co pamiętam, mnie też zawstydzały miłosne, że o erotycznych już nie wspomnę, sceny w telewizji, gdy obok siedziało któreś z rodziców. Mama, zawsze do tej dziedziny życia ze stosunkiem wielce nieprzychylnym, miała na dodatek zwyczaj głośnego komentowania:

– O! Ci się znowu zjadają.

Na przykład przy scenie namiętnego pocałunku panny Stefci z ordynatem Michorowskim w *Trędowatej*. A nasza gosposia pani Irena miała wtedy łzy w oczach i stwierdzała z pretensją:

– A pani to tak zawsze! – irytując się na mamę, że brutalnie wtargnęła w jej wzruszenie.

Gdy byłam dzieckiem, robiło mi się gorąco, gdy z rodzicami, panią Ireną i psem oglądaliśmy *Chłopów* czy *Ziemię obiecaną*. O rany, a te sceny w *Dziejach grzechu*... co za wstyd! Przy babci oglądałam prawie wszystko bez najmniejszego zażenowania. Może dlatego, że sferę erotyczną traktowała już bez większego zainteresowania. Ważniejsze dla niej było chociażby gotowanie i jedzenie. Bez certolenia tłumaczyła mi, co to znaczy „pedał" albo patetyczny, jak mi się wtedy wydawało, napis „HUJ!" na ścianie pobliskiego domu. Nie rozumiałam, dlaczego tak szybko go zamalowali.

Raz padło w filmie słowo „dziewica". Tym razem babcia eufemistycznie powiedziała, że to taka dziewczyna, która jeszcze nigdy się nie całowała. Popatrzyłam na babcię z wyższością, no bo ja wtedy już dziewicą nie byłam.

Kiedyś chłopcy z podwórka o coś się założyli. Ten, który przegrał, za karę miał mnie pocałować. Uczynił to z nieskrywanym obrzydzeniem. Wiadomo, co dla ośmiolatka oznacza pocałować dziewczynkę, i to na dodatek przy głośno rechoczących kolegach. Nawet nie dotknął mojego policzka, który mu przekornie nadstawiłam, tylko musnął mnie nosem w skroń. I tak śmiechu było co niemiara. Tym bardziej że po tej zniewadze chłopcy do końca dnia wołali za nami:

– Zakochana para, Jacek i Barbara!

Przypomniała mi się też historia opowiedziana przez koleżankę z Krakowa. Jej mama podchodziła do spraw seksu podobnie jak moja babcia. A że koleżanka, wtedy ośmioletnia, żywo próbowała tę problematykę zgłębić, szukała różnych źródeł informacji. W telewizji polskiej wtedy największym stopniem wyuzdania były kobiece piersi i pupa. Dlatego zasypiając przy włączonym telewizorze, koleżanka zawsze prosiła:

– Pamiętaj, jak będzie goła baba, to mnie obudź...

– Dobra, dobra – odpowiadała mama dla świętego spokoju. I oczywiście nigdy jej nie budziła.

Syn koleżanki dzisiaj jest już pełnoletni. Ale w wieku Gucia miał te same co on problemy. Kiedyś na Rynku krakowskim porozstawiano wielkie rzeźby Igora Mitoraja, głównie męskie akty. Kiedy chłopiec je zobaczył, z krzykiem zasłonił sobie oczy.

– Przecież masz to samo – skomentowała ze śmiechem koleżanka.

– No tak, ale ja noszę majtki!

30 GRUDNIA 2014

I już się zaczęło! Jak co roku radosne: *Sylwestrowe kreacje!... Niepowtarzalna noc z TVN!... W Mieście Królów będzie najlepsza zabawa!... Wielkimi krokami zbliża się Nowy Rok!...*

Co się, kurwa, tak cieszyć? Świętować kolejny rok, którego data zbliża się tylko do tej, którą nam wypiszą w akcie zgonu. Trochę godności, zadumy, a nie szampana i brokatu. Cieszyć się na własną śmierć? Radować z ostentacją? Z tego, że czasu coraz mniej? A nieuchronne już wyciąga łapy?

Odnaleziono szczątki samolotu malezyjskich linii AirAsia. Z morza wydobywane są pierwsze ciała...

Witamy Nowy Rok jak nowe życie. O północy otwieramy czysty zeszyt, w którym kolejne dni mamy zamiar zapisać wielkimi kolorowymi literami. To nie jest nowy zeszyt, przerzucamy w starym tylko kolejną kartkę. W środku jest już sporo zapisane. Są wydarzenia, które wychodzą poza margines, są plamy i takie miejsca, gdzie literki układają się zgrabnym pismem. Czasem zaś chylą się ku upadkowi pod ciężarem zbyt trudnej lekcji. Ale każdy zeszyt ma zawsze ostatnią stronę. Happy New Halloween!

ZWIERCIADEŁKO, ZWIERCIADEŁKO, POWIEDZ PRZECIE...

À propos sylwestrowych kreacji. Kiedy pracowałam jako stylistka, lubiłam obserwować kobiety, które mierząc ubrania, przeglądały się w sklepowym lustrze nieświadome tego, że ktoś na nie patrzy. Ze sposobu, w jaki kobieta ogląda samą siebie, jakie przyjmuje pozy i jakie miny robi, można bardzo dużo się o niej dowiedzieć. Czy lubi siebie, czy podoba się sobie, czy ma udane życie erotyczne, a nawet tego, czy w dzieciństwie była bardziej rozpieszczana, czy raczej karcona.

Na jednym ze spotkań z klientkami Deni Cler, było to chyba w Krakowie, usłyszałam od atrakcyjnej kobiety ciekawą refleksję. Ale najpierw zwróciłam uwagę na jej świetną figurę i mocną, interesującą urodę. Należała do typu kobiet, na których wszystko dobrze leży. Do tego typu kobiet, które po włożeniu czegokolwiek nadają charakter ubraniu, a nie odwrotnie. Wyczuć można było jej silną osobowość, która jest w stanie narzucić styl każdej sukience czy bluzce. Patrzyłam na nią z przyjemnością. Po czym spostrzegłam w lustrzanym odbiciu jej wzrok. Krytycznie patrzyła sobie w oczy. Nie było w tym spojrzeniu nawet cienia akceptacji, nie mówiąc już o przyjemności. Najwyraźniej nie doceniała kobiety po drugiej stronie szklanej tafli albo nie potrafiła się z nią zidentyfikować. Zaczęłam klientkę komplementować, lecz przyjmowała to raczej niechętnie. Po krótkiej rozmowie okazało się, że jest lekarką, a więc osobą spełnioną zawodowo i finansowo. W pewnym momencie zacytowała mi swojego ojca, który zwykł mawiać, że kobiety tak jak pszczoły dzielą się na robotnice i królowe.

– Ja jestem robotnicą – dodała.

Bardzo zapadły mi te słowa w pamięć. Od tamtej pory, patrząc na kobiety, staram się rozpoznać, do której grupy należą. Kiedy patrzą na siebie w lustrze, to kogo tam widzą. Krytyczną robotnicę, która walczy z życiem i potrafi się spełniać zawodowo? Czy też królową, która jest piękna, ale jednocześnie zbyt słaba, aby stawić opór przeciwnościom losu?

Pamiętam też inną scenę. Przyszła do przymiarki młoda kobieta – a raczej została wprowadzona przez swoją matkę i męża. Oboje jej nadskakiwali. Przynosili kolejne kreacje i dodatki, absorbowali personel, prosili o napoje... Kobieta tymczasem patrzyła w lustro na swoją wystudiowaną urodę z wyraźnym zadowoleniem. Jednak sukienki były jej niegodne, pomimo że wszystkie panie wokoło wydawały okrzyki zachwytu przy każdej kolejnej przymiarce. Wszystko kręciło się wokół niej, a kobieta tylko kręciła nosem. Byłyśmy jej służkami, damami dworu, ona zaś była królową. A może tylko rozpieszczoną księżniczką, którą trudno zadowolić, bo życie jest dla niej jak ziarnko grochu, które wciąż uwiera i przeszkadza w radości przyjmowania najprostszych rzeczy.

Tak czy inaczej, nas robotnic jest w ulu dużo, ale to nie znaczy, że czasem nie możemy się poczuć jak pewna swej władzy i urody królowa. Tylko więcej wyrozumiałości dla tej pani, która stoi w lustrze naprzeciwko nas.

1 STYCZNIA 2015

Równo rok temu pisałam, że dobrze zaczął się ten rok. Ojciec odzyskuje apetyt... a dziś? Przeglądam jak zwykle rano internet. Ktoś mi się wpisał na FB: „Ładny grób dla taty".

Przeglądam dalej różne portale, aż natrafiam na portal „Faktu". *Córka wystawiła Jaruzelskiemu nagrobek*. Aaa, to dlatego ktoś mi się wpisał na Facebooku...

Pod tekstem „Faktu" zaczyna rosnąć dyskusja. Jak zwykle wypowiedzi skrajne.

~óżond: Bardzo piękny i skromny nagrobek. Napis SUPER stanowczy/jak i Jego całe życie/ bez fanfaronady podano zasadnicze dane, bez snobistycznych cech typu: prof. dr habilitowany, inż. Przypomnę tylko (niektórym), że odmówił (w swojej skromności) nadania mu stopnia marszałka.

~woland: Każdy przyzwoity Polak powinien, przy najbliższej obecności w Warszawie, obsikać to miejsce. Fetor nigdy nie powinien zaniknąć.

~antysystemowiec: Niech przeprosi za swojego ojca, który powinien być chowany w pierwszym lepszym dole!

~były student: To był wielki człowiek – uratował wiele istnień, wprowadzając stan wojenny. Byłem wtedy na studiach i dobrze pamiętam wszystko, również zapowiedzi inwazji ze strony ZSRR.

~uczona do ~były student: wcisnęli ci kit, a ty w to uwierzyłeś... Inwazja ruskich nastąpiła na Polskę już w 1945 roku i siedzieli u nas aż do 1993 roku, czyli jeszcze 4 lata po odzyskaniu przez Polskę wolności, zanim ruscy na dobre się wynieśli.

~as do ~uczona: jesteś idiotka, a nie uczona!!!

~Polak do ~uczona: Ruski się wynieśli, a zaprosili śmierdzieli z USA.

I tak dalej, i tak dalej...

Kilka godzin później na tym samym portalu na stronie głównej zapowiedź tysiąclecia: *Jaruzelska opala się topless, najgorętsze paparazzi 2014*. Zdjęcie mojej gołej pięty, którą wystawiłam z wody, leżąc w rozwiązanym kostiumie kąpielowym brzuchem na materacu Gucia. Rzeczywiście wiekopomna chwila. Najzabawniejsze jest to pomieszanie – goła sensacja i grobowa powaga, miszmasz w postmodernistycznej rzeczywistości. A na stronie „Super Ekspressu" jeszcze lepiej: *Dwulatek zabił matkę w supermarkecie* i *Mordercy z nożem w Bukowinie*.

Kiedy ostatnio robiłam noworoczne postanowienia? Na pewno jeszcze przed czterdziestką. Potem już wiedziałam, że jeśli coś zechcę zmienić, muszę poczuć, iż przyszedł na to czas. Działam spontanicznie, zaczynam nagle palić po dwie paczki dziennie i, tak jak babcia, nagle przestaję albo robię to w rzadkich sytuacjach towarzyskich.

Dziś tradycyjny obiad noworoczny w Dyspensie. Idziemy z Fedkiem, Guciem i przyjaciółmi.

Strasznie mi się nie chce, chociaż wszystkich lubię. Mam ciągle niechęć przed wychodzeniem z domu. Problem ze swobodną rozmową, wciąż tylko siedzenie przed komputerem. Oglądam filmy albo coś czytam. Z trudem piszę i mówię. Słowa wyciskam z siebie jak z tubki zaschniętego kleju. Trudno je potem posklejać w wartką całość.

Uwielbiam ten stan: herbata, laptop i ja.

POGRZEB

Wszystko, co z tego dnia pamiętam, jest trochę jak za mgłą. Chcąc pochować ojca godnie, sama muszę być godna. Chcąc, żeby Gustaw zachował spokój, sama muszę go zachować. Jeśli się robi coś dla kogoś, kogo się kocha, to można znaleźć w sobie pokłady siły, o którą się nawet nie podejrzewaliśmy.

– Ojciec byłby z pani dumny – słyszałam.

„Możliwe – myślałam. – Ja tylko zachowałam się tego dnia, tak jak powinnam była się zachować".

Ojca pożegnałam już wcześniej w szpitalu. Albo i nie. Może tak naprawdę to nigdy się nie żegnamy. Gdyby tak jeszcze dzień, godzina, minuta… Żeby o coś zapytać... Zawsze zostaje coś niedopowiedzianego. I poczucie, że nie odrobiło się tej najważniejszej w życiu lekcji…

W każdym razie wśród salw i wieńców, ale też gwizdów i krzyków, chowałam już generała Jaruzelskiego.

Z okazji Nowego Roku dostałam na maila życzenia od profesora Jana Widackiego.

Pani Moniko,

proszę przyjąć moje najserdeczniejsze życzenia szczęśliwego Nowego Roku.

Na początku roku, zapewne w lutym, ukaże się nakładem wydawnictwa Universitas wybór mojej publicystyki, w której znajdzie się kilka tekstów o Pani Ojcu.

Mam do dziś wyrzuty sumienia, że nie udało mi się dotrzeć na pogrzeb Pana Generała, oglądałem jedynie transmisje telewizyjne. Jestem dla Pani pełen podziwu i najgłębszego szacunku. Jest Pani, jak to kiedyś napisałem, polską Antygoną. Z ludzi uczciwych nikt nie ma wątpliwości, że rację miała ona, nie Kreon. Tu w dodatku nie było Kreona, tylko kretynów stado.

Raz jeszcze: wszystkiego, co najlepsze w Nowym Roku 2015.

Jan Widacki

MIŁOŚĆ/NIENAWIŚĆ

Z nienawiścią jest jak z miłością. Nie chcemy zrywać z obiektem naszego uczucia, chociaż wcześniej życzyliśmy mu śmierci. Boleśnie odczuwamy pustkę, która powstaje po stracie obiektu. Nie pomogą racjonalne przesłanki. Miłość i nienawiść są ślepe. Nienawidzący, jeśli straci obiekt swojej nienawiści, cierpi, bo nie ma co zrobić ze swoimi uczuciami. Nieutulony w gniewie szuka osoby, zadośćuczynienia czy nawet przedmiotu, na które może je przelać. Cierpi lub czuje złość, która musi znaleźć jakieś ujście.

Oscar Wilde: „Zawsze przebaczaj swoim wrogom, nic ich bardziej nie rozzłości".

2 STYCZNIA 2015

Zapisałam już cały zeszyt, robię porządki na biurku. Jest nowy notatnik, który kupiłam wiosną, by zacząć książkę. Otwieram i ku zaskoczeniu widzę, że zrobiłam już pierwsze notatki, lecz o nich zapomniałam.

23 CZERWCA 2014

Rano pojechałam do biura ojca po ostatnie rzeczy. Kilka książek, listów, moje i Gucia zdjęcia, które stały na jego biurku. Jutro biuro będzie już zamknięte. Potem na cmentarz, zapalić znicz na Dzień Ojca. Położyłam też bukiet z drobnych białych goździków. Pewno nie byłby zadowolony, bo mówił, że kwiaty daje się tylko kobietom. Umarli nie mają płci. Słoneczny smutny dzień. Rano odeszła Małgorzata Braunek. Jedna z moich ulubionych aktorek. Jej śmierć przykryta została aferą z taśmami „Wprost". Brudny czas. Triumf skandali i sensacji nad refleksją o śmierci i przemijaniu.

JAK TO Z PAPIEREM BYŁO…

Życie jest jak papier toaletowy – szare, długie i do dupy. Tego żartu już młode pokolenie nie zrozumie. Starszym komuna kojarzy się z papierem toaletowym. Czy bardziej z jego brakiem i ludźmi chodzącymi po ulicy w łańcuchach z papieru. Krążyły opowieści, że brakuje go na rynku, ponieważ jest wykorzystywany w branży spożywczej do produkcji parówek i paprykarza szczecińskiego. Funkcjonowało też pojęcie produktu zastępczego: nie ma papieru toaletowego, ale za to jest ścierny…

Milicjant kierujący ruchem drogowym na warszawskim skrzyżowaniu zatrzymuje kobietę, która nieprzepisowo przechodzi przez ulicę. W ramach zadośćuczynienia każe jej popilnować jego synka, którego musiał zabrać ze sobą do pracy. A kobieta złamała przepisy, bo bardzo się spieszyła do sklepu, gdzie rzucono papier toaletowy. W nerwach, że nie zdąży go kupić, dziecku milicjanta opowiada bajkę o problemach z jego kupowaniem… Gdy w końcu milicjant ją puścił, w dowód wdzięczności przyniosła mu potem cały łańcuch charakterystycznych szarych rolek. Kto pamięta tę scenę? To oczywiście z *Nie lubię poniedziałku* Tadeusza Chmielewskiego.

Życie jest jak papier toaletowy – szare, długie i do dupy.

To był chyba pierwszy kawał, który przyniosłam do domu jako dziecko. Niezwykle rozbawił ojca. Do tego stopnia, że prosił mnie o powtarzanie go przy każdej niemal wizycie znajomych. Wszyscy zarykiwali się pewno nie tyle z dowcipu, co z tego, że opowiada go siedmioletnia dziewczynka, która o życiu wie jeszcze niewiele. Czasem się wstydziłam, że jestem w centrum zainteresowania, lecz wybuchy gromkiego śmiechu sprawiały satysfakcję. Poza tym byłam dość dumna z tego, że tak legalnie mogę używać słowa „dupa" przy dorosłych. Wydawałoby się, że dzisiaj taki dowcip mało kogo rozbawi, wydawałoby się, że dzisiaj papier toaletowy jest oczywistością... miękką jak aksamit i w pastelowych kolorach. A jednak – wciąż potrafi wzbudzić emocje.

Na przykład do Komisji Etyki Reklamy wpłynęła skarga przeciwko firmie Delitissue w sprawie reklamy papieru toaletowego marki Regina. W skardze czytamy, że dotyczy filmu animowanego, w którym „księżniczka za pomocą jego rolki dostarcza list do księcia. Reklama ta uwłacza godności i emocjonalnej wrażliwości mężczyzn, bo książę wyrzuca list bez czytania, a przytula się od razu do rolki, co sygnalizuje, że jest on podatny tylko na bezpośrednie bodźce, bez głębszej refleksji. W dodatku pod koniec reklamy pada hasło, iż papier jest tak długi, że nigdy się nie kończy, co w oczywisty sposób jest niemożliwe. Rolka takiego papieru posiada bowiem zarówno koniec, jak i początek, a więc reklamodawca nie tylko traktuje mężczyzn jak osoby proste i bezrefleksyjne, ale także kłamie w oczywisty sposób co do objętości swojego produktu"[40]. Skargę jednak oddalono.

Pomysłowość reklamodawców w sprawie papieru toaletowego jest nieograniczona. Urocze filmiki z labradorem pośród bielusieńkich i mięciusieńkich rolek Andreksa. Szczeniaka labradorka od pewnego czasu Velvet zastąpił niedźwiadkiem polarnym, równie bielusieńkim co papier. Pojawiają się białe owieczki, pudelki i króliczki. A u Foxa, z rudym lisem w logo, nawet mały Mozart pisze swoje arcydzieło na rolce papieru. Firma ma również promocję: przy zakupie papieru foxy mega można otrzymać płytę z muzyką Mozarta... Dużą furorę zrobił też filmik Reginy udowadniający wyższość papieru nad tabletem z nośnym hasłem: „Papier jednak ma przyszłość". Mąż od rana do nocy udowadnia żonie, jak funkcjonalny jest tablet. Do chwili, kiedy siedzi na sedesie i sięga po papier toaletowy. Ale rolka jest pusta. Woła żonę na pomoc, która przez szparę pod drzwiami wsuwa mu tablet... ze zdjęciem papieru.

Jak się okazuje, nie tylko milicja miała problem z papierem toaletowym. Dzisiejsza policja ma go także. Nawet w tej sprawie interweniował rzecznik praw obywatelskich, donosząc do szefa MSW: „Warunki pracy w policji »urągają godności ludz-

[40] www.admonkey.pl/godnosc-mezczyzny-zagrozona-przez-reklame-papieru-toaletowego-5919.html.

kiej«. Prywatny papier toaletowy, 25 długopisów na 141 osób i 2 zł limitu na rozmowy"[41]... A w „Super Expressie" można poczytać mrożącą krew w żyłach historię przyjaźni dwóch kobiet z Rudy Śląskiej – przyjaźni, którą zabił papier toaletowy! Dwie mocno starsze panie, Róża i Maria, były sąsiadkami od wielu lat, dzielącymi tę samą ubikację na korytarzu. Codziennie rano spotykały się na kawie i ploteczkach, póki pani Maria nie odkryła, że ktoś korzysta z jej papieru toaletowego. Wtedy laską zniszczyła drzwi pani Róży... sprawa trafiła na policję, która musi do pracy przynosić własny papier toaletowy... No i to jest do dupy.

[41] gazetaprawna.pl/wiadomosci/artykuly/644002,rpo_warunki_pracy_w_policji_uragaja_godnosci_ludzkiej_prywatny_papier_toaletowy_25_dlugopisow_na_141_osob_i_2_zl_limitu_na_rozmowy.html.

BAŚŃ IRAŃSKA

Chcecie bajki? Oto bajka. Rodzice wychodzą wieczorem z domu. Oboje na galowo. Mama lśniąca i pachnąca, ale jak zwykle zła.

– Nienawidzę przyjęć!

– Basiu, pięknie wyglądasz... zakasujesz żonę szacha.

Razem z psami, dwoma owczarkami niemieckimi, nie możemy się doczekać, kiedy rodzice już wreszcie wyjdą. Wtedy pozwolę psom wskoczyć na nową kanapę. I będziemy sobie leżeć i oglądać komedię z Louisem de Funèsem w telewizji. Pewnie z dyżurki przyjdzie któryś z chłopaków, żeby też zobaczyć film. Będzie fajnie.

W 1977 roku przyjechał do Polski z wizytą szach Iranu. Choć z wielkim nosem i kurdupel – jak stwierdziła mama, był otoczony legendami na swój temat. W barwnym mundurze przyjeżdżał z kraju, który kojarzył nam się z latającymi dywanami. On sam dzięki funkcji, którą sprawował, wydawał się postacią niczym z *Baśni tysiąca i jednej nocy*.

Jako młody następca tronu Mohammad Reza Pahlavi dużo przebywał w Europie i zakochał się w europejskiej kulturze. Kiedy został szachinszachem, wciąż więcej był zainteresowany europejskimi salonami niż polityką. Przeżył też zamach na siebie. W 1949 roku podczas wizyty na Uniwersytecie Teherańskim podszedł do niego młody człowiek i oddał z odległości dwóch metrów strzały z pistoletu. W sumie strzałów było sześć, ale tylko dwie kule dosięgły szacha, raniąc go dosyć lekko. Zamachowiec mierzył w serce i w tym momencie pistolet się zaciął... Szach uznał to za cud. I rzeczywiście tak to zaczęło być pośród jego poddanych odbierane.

Głośne były również jego związki z kobietami. Pierwszą żoną została śliczna księżniczka Fauzia, siostra króla egipskiego Faruka. Po hucznym ślubie i weselu pojawiła się na okładce magazynu „Life" jak „azjatycka Wenus". Niestety małżeństwo przetrwało tylko dziewięć lat. Jako powód rozwodu podano, że Fauzia nie mogła dać szachowi męskiego potomka. Rok po ślubie powiła córeczkę, a potem przez osiem kolejnych lat nie zachodziła w ciążę. To przesądziło o jej losie.

Drugą wybranką została Soraya, córka irańskiego ambasadora w Niemczech Zachodnich i jego niemieckiej żony. Znalazła ją swatka specjalnie w tym celu wysłana do Europy. Pisała w liście do matki szacha, że ma idealną kandydatkę: piękną, wykształconą, mówiącą kilkoma językami i znającą doskonale maniery. Ale prawda była taka, że podobnie jak jej poprzedniczka miała przed sobą jedno najważniejsze zadanie: dać mężowi syna... Na ślub zaproszono tysiąc sześciuset gości. Suknię panny młodej uszyto u Diora, wykorzystując trzydzieści cztery metry srebrzystobiałej lamy, dwadzieścia tysięcy piór i sześć tysięcy brylantów. Dosyć szybko niestety okazało się, że Soraya jest bezpłodna. Szukała pomocy w najlepszych klinikach świata – bez skutku. W tej sytuacji dostała od męża ultimatum: albo zgodzi się na jego drugą żonę, albo będzie musiała odejść. Wychowana w Europie wolała rozwód od perspektywy dzielenia się mężem z inną. Wyjechała potem do Rzymu, gdzie poznała producenta filmowego. Zagrała w jego filmie *Trzy twarze kobiety*. Dla szacha jednak nie do przeżycia był fakt, że jego kobieta stała się kobietą ekranu. Z zazdrości wykupił wszystkie kopie filmu. Soraya związała się z włoskim reżyserem, który dla niej porzucił żonę i dzieci. Lecz niedługo zdążyli nacieszyć się swoim szczęściem – reżyser zginął w wypadku lotniczym. A Soraya już do końca życia pozostała samotna. Podobno w dzieciństwie na pytanie, kim chce zostać w przyszłości, odpowiadała: księżniczką lub aktorką. Dużo dziewczynek podobnie odpowiada. Ile z nich rzeczywiście zostaje księżniczkami lub aktorkami? Sorai udało się jedno i drugie. Jednak – czy była z tego powodu szczęśliwa?

Trzecią żoną szacha została Farah, z pochodzenia Azerka, która w Paryżu ukończyła École Spéciale d'Architecture. Równie piękna jak jej poprzedniczki, dobrze wykształcona i wraz z mężem próbująca z Iranu uczynić kraj otwarty na cywilizację zachodnią. Dała Rezie czwórkę dzieci, w tym dwóch synów! Wdzięczny mąż koronował ją na pierwszą królową Iranu, co było jedynym takim wydarzeniem w ciągu dwóch i pół tysiąca lat historii Persji. Niezwykle wyzwolona Farah walczyła o równouprawnienie kobiet irańskich, zajmowała się również opieką zdrowotną, ochroną środowiska i kulturą irańską. Mimo wszystko chyba mogła mieć poczucie, że to jej zdolność reprodukcyjna okazała się najważniejszą z cech. W świecie, w którym pozycję przynosi kobiecie jedynie możliwość dalszego przekazywania genów. A przede wszystkim – powicie męskiego potomka.

Zastanawiam się, czy była szczęśliwa. Czy też zazdrosna o miłość męża do pięknej, lecz bezpłodnej poprzedniczki. O miłość, która, jak to w bajce, podobno nigdy nie przeminęła...

W 1977 roku oboje, Reza i Farah, przyjechali z oficjalną wizytą do Polski. Zamieszkali w Wilanowie. Pamiętam moich rodziców, którzy wybierali się do Wilanowa na jakieś przyjęcie wydane na cześć tej słynnej pary. Potem szach wizytował Poznań, a Uniwersytet Warszawski przyznał mu doktorat honoris causa z prawa, natomiast Farah otrzymała doktorat honoris causa z historii sztuki.

Dwa lata później zaczęły docierać do nas wiadomości z Iranu – że wybuchła rewolucja, a szach musiał uciekać za granicę. Miałam wtedy szesnaście lat i nie bardzo się tym interesowałam. Coś tam mówili w telewizji, jednak puszczałam to mimo uszu. Ale pewnego dnia poszłam z psem na spacer ulicą Zawrat. Chodziłam tamtędy prawie codziennie. Lecz tego dnia coś nagle rzuciło mi się w oczy. Stała tam iracka rezydencja. Mieszkał w niej albo irański ambasador, albo ktoś wysoko postawiony z irańskiej ambasady. Na metalowej bramie widniało dumne godło państwowe – złoty lew z szablą w łapie, zza pleców którego wschodziło słońce. Zawsze ten lew był i zawsze go mijałam. A tu nagle coś się zmieniło. Przystanęłam zaskoczona. Nie było godła. Z metalowej bramki sterczały tylko pogięte pręty. Najwyraźniej ktoś godło wyrwał.

Dopiero wtedy uzmysłowiłam sobie, że w Iranie wybuchła rewolucja. I skończyła się piękna baśń o szachu i księżniczkach.

Szach i mat!

7 STYCZNIA 2015

Z nowym rokiem, z nowym krokiem. Powracam do żywych. Choć może nie do końca. Gdy odwiozłam Gucia do szkoły, znowu sprawdzałam w internecie wpisy o grobie ojca. Są kolejne...

Przypomniałam sobie, jak dzień przed śmiercią ojca podpisywałam *Rodzinę* na warszawskich targach książki. Tego samego dnia ukazała się przeprowadzona przez redaktor Hannę Rydlewską rozmowa ze mną dla Gazety.pl pod tytułem *Prawdziwa Polka. Czy pojednanie polsko-polskie jest jeszcze możliwe?*

Jesteś patriotką?

Tak. Uważam siebie za patriotkę, chociaż nie jest to w naszym kraju oczywisty wybór. Ludzie, którzy mają liberalny, powiedzmy proeuropejski rodowód, z patriotyzmu często szydzą, natomiast osoby, które są związane z myśleniem konserwatywno-narodowym, uzurpują sobie wyłączne prawo do nazywania siebie patriotami.

Tak zwani prawdziwi Polacy?

Ja też uważam się za prawdziwą Polkę! Mój patriotyzm ma kilka płaszczyzn. Ta najgłębsza, wręcz organiczna, jest skorelowana z moimi doświadczeniami z okresu dorastania, zapachami, smakami, światłem, krajobrazami, które wiążą się tylko z Polską. Poza tym nigdzie nie ma takiej zupy pomidorowej. (...) Polska wydaje mi się najbliższa ze względu na historię, kulturę, w której wyrosłam, na język, którym mówię, na wspólnotę wynikającą z lektury pewnych książek czy oglądania filmów. Powiedziałabym, że jestem – zabrzmi to jak oksymoron – narodowcem proeuropejskim.

A co z religią, która od wieków była ważnym komponentem polskości?

Choć jestem niewierząca, mam również poczucie przynależności do wspólnoty chrześcijańskiej, która ściśle wiąże się z polską kulturą. Agresywny ateizm, nieszanujący uczuć religijnych współrodaków, uważam za równie szkodliwy, co pozbawioną tolerancji dewocję. A przecież to Polska w XVI wieku była jednym z najbardziej tolerancyjnych religijnie krajów. Jak pisał prof. Tazbir – państwo bez stosów. Tolerancja powinna działać w obie strony.

Twoje podejście do patriotyzmu zmieniało się na przestrzeni lat? W książce *Rodzina* piszesz o tym, że w PRL-u wierzyłaś w socjalizm, a w latach 90. dałaś się porwać kapitalizmowi. Jak ewoluował twój światopogląd?

Moja Polska to 20-lecie międzywojenne, czasy wojny, PRL i to, co dzisiaj. Dlaczego tak? Babcia, która właściwie mnie wychowywała we wczesnym dzieciństwie, opowiadała mi dużo o tym, jak było przed wojną, potem bardzo lubiłam polskie przedwojenne filmy, chociaż były kiczowate. Literatura międzywojnia jest mi bliska, szczególnie Skamandryci i powieści Michała Choromańskiego. Z kolei przeżycia wojenne ukazane z perspektywy babci i mamy, a przede wszystkim ojca, w mojej pamięci stają się boleśnie bliskie. Okres PRL, w którym zamykają się moje dzieciństwo i moja młodość, w naturalny sposób wspominam z sentymentem. Tak samo moją Polską jest PRL, jak i III Rzeczpospolita. Moją Polską jest nawet IV RP. Niezależnie od tego, kto jest przy władzy, to zawsze jest mój kraj, moja ojczyzna, wobec której chcę być lojalna.

(...)

Wierzysz w pojednanie polsko-polskie? (...)

Ludzie zapiekli, agresywni funkcjonują po obu stronach niewidzialnej barykady, która wciąż dzieli nasze społeczeństwo. Wielu osobom pojednanie pokrzyżowałoby szyki. Mam wrażenie, że wzajemna nienawiść jest dziś silniejsza niż w latach 80. Wiadomo: gdzie dwóch się bije, tam trzeci korzysta. Ten trzeci to media i politycy, którzy wykorzystują nasze emocje, aby zwiększyć sprzedaż lub zyskać więcej głosów. Szczują nas na siebie, a my na cyniczną komendę bezmyślnie skaczemy sobie nawzajem do gardeł. Bez refleksji, że ktoś, kto ma odmienne poglądy, wcale nie musi być naszym osobistym wrogiem.

W całym tym kontekście przypomina mi się wiersz Broniewskiego: „Są w ojczyźnie rachunki krzywd, obca dłoń ich też nie przekreśli, ale krwi nie odmówi nikt: wysączymy ją z piersi i z pieśni".

Obawiam się, że my, Polacy, konsolidujemy się dopiero w sytuacji zewnętrznego zagrożenia. A ruchy odśrodkowe targają nami na co dzień.

Gdzie bije źródło nienawiści, o której mówisz?

Przemysł nienawiści dotyczy obu stron. Publiczne drwiny po katastrofie smoleńskiej dotyczące choćby pary prezydenckiej, Marii i Lecha Kaczyńskich, były dla mnie nie do przyjęcia. Teraz prawicowo-tabloidalne znęcanie się nad umierającym generałem Jaruzelskim też nie mieści się w moim pojmowaniu elementarnej moralności. Śmierć jest ponad podziałami i zasługuje jeśli nie na szacunek, to chociaż na godne milczenie. Po prostu: ciszej nad tą trumną[42].

Te słowa zostały powiedziane na blisko tydzień przed pogrzebem. Dla mnie pochylenie się nad tragedią człowieka, który cierpi, jest jedynym etycznym zachowaniem, nawet jeśli ten człowiek jest wrogo do nas nastawiony i nie mamy powodu, żeby żywić do niego specjalny szacunek, nie mówiąc już o sympatii. Chodzi o zwykłe ludzkie współczucie…

[42] *Prawdziwa Polka. Czy pojednanie polsko-polskie jest jeszcze możliwe?*, rozmowa Hanny Rydlewskiej z Moniką Jaruzelską, weekend.gazeta.pl/weekend/1,138262,15952766,Prawdziwa_Polka.html.

LIST
DO JAROSŁAWA KACZYŃSKIEGO

10.04.2010 r.

Wojciech Jaruzelski

Przewodniczący
Prawa i Sprawiedliwości
Pan Jarosław Kaczyński

Być może zdziwi Pana, iż to właśnie ja piszę ten list. Ale proszę mi wierzyć – jestem głęboko poruszony wiadomością o katastrofie, w której tragicznie zginął Pański Brat – żarliwy patriota, wybitny działacz społeczny i państwowy, Prezydent Rzeczpospolitej Polskiej, Zwierzchnik Sił Zbrojnych – Lech Kaczyński. Zginęła Jego Małżonka oraz wiele znanych, w tym wybitnych towarzyszących Im Osób cywilnych i wojskowych. To wielka strata dla naszego państwa i Wojska. Z kolei w wymiarze moralnym, ludzkim dominuje poczucie szczerego ubolewania i współczucia. Mam świadomość, jakim ciosem jest ta niespodziewana śmierć dla Osób Najbliższych – ciężko chorej Matki, Córki, Wnuczek, Brata. Można powiedzieć krótko – rozpacz.

Znaczną część Osób, które zginęły, w różnym stopniu znałem. Niektóre były mi od lat bliskie. Niektóre tylko zarejestrowałem w pamięci. Wreszcie, z niektórymi dzieli-

ło mnie bardzo wiele. Jednakże w tak dramatycznej sytuacji wszyscy stają się bliscy, historyczno-polityczny mur staje się przenikalny, rodzi się pogłębiona zaduma nad ludzkim losem, który w różnym czasie i w różny sposób kończy się nieuchronnym odejściem. To nie tania pociecha, a wręcz przeciwnie – trudne pytanie – dlaczego ta nieuchronność nastąpiła właśnie teraz, w sposób tak nagły i wobec tak ważnych dla państwa Osób. Dla wszystkich polityków – i tych obecnych, i tych byłych – jest to gorzka lekcja realizmu i jednocześnie wzmożonego poczucia nadrzędności narodowych interesów i celów nad różnymi, nawet głębokimi sprzecznościami i podziałami.

Proszę o przyjęcie wyrazów najgłębszego współczucia i – jeśli to możliwe – przekazanie ich również Matce i Córce Lecha Kaczyńskiego.

Wojciech Jaruzelski

8 STYCZNIA 2015

Zmarł Tadeusz Konwicki. Znowu kartkówka z matematyki. Nie mam czasu na rehabilitację. Ledwo dyszę... Moja mała apokalipsa. Dziura w niebie. Wniebowstąpienie. Kalendarz i klepsydra[43].

GDZIE TO PRAWDZIWE ŻYCIE?

„Cały życie żyliśmy jakby na walizkach. Tysiące przejść, niepewności, załamań. Ciągła prowizorka, tymczasowość, byle do jutra. A kiedyś zacznie się prawdziwe życie. No i masz. Przychodzi starość i gdzie to prawdziwe życie?”[44].

9 STYCZNIA 2015

Józef Oleksy nie żyje. Wiedziałam, że jest śmiertelnie chory, ale nie spodziewałam się, że to nastąpi tak szybko. Ładnie odszedł, nawet tabloidy znane z ostrej, obraźliwej retoryki pożegnały go życzliwie. Miał dar zjednywania sobie sympatii. Był ciepły, dowcipny, otwarty na ludzi różnych opcji i poglądów.

---

[43] *Mała apokalipsa. Dziura w niebie. Wniebowstąpienie. Kalendarz i klepsydra* – tytuły utworów Tadeusza Konwickiego.

[44] Tadeusz Konwicki, *Zwierzoczłekoupiór*, Czytelnik, Warszawa 1972.

POTRÓJNE URODZINY...

Kiedyś po radiowym programie u Mikołaja Lizuta poszliśmy razem na piwo do pobliskiego Lotosu, restauracji, w której czas się zatrzymał na późnym Gierku. W menu rozkoszne peerelowskie potrawy. Zimne przekąski w galarecie – nieodzowne danie kasyn i stołówek LWP. Pyszny boeuf Strogonow. I na dodatek można się napić zapomnianej bułgarskiej pliski. Jest niedrogo, smacznie, nostalgicznie. Komuno, wróć! Lokal zamykają oczywiście o dwudziestej drugiej. Darzę Lotos specjalnym sentymentem, bo chodziłam do pobliskiego liceum. Można tam spotkać znane twarze, nielubiące nuworyszowskich snobizmów.

Kiedy weszliśmy do środka, przy jednym ze stolików zauważyliśmy biesiadnie uśmiechniętego premiera Oleksego w towarzystwie dwóch uznanych prawicowych dziennikarzy. Jeden z nich, z tego, co pamiętam, obchodził tego dnia urodziny, spotkanie więc miało charakter alkoholowo-jubileuszowy w kameralnym gronie. Józek zaprosił nas do stolika, co spotkało się z ożywionym zainteresowaniem drugiego z publicystów, który słusznie przeczuwał, że może z tego wyniknąć zabawna czy wręcz egzotyczna impreza. Niestety jubilat okazał godną rezerwę, dając nam tym samym do zrozumienia, że dołączenie do ich towarzystwa byłoby co najmniej niestosowne. Jego nazwiska nie zdradzę, raczej tego by nie chciał, co powinnam uszanować.

Sympatyczniejszym i weselszym dziennikarzem był Robert Mazurek, któremu premier Oleksy udzielił dwa lata później pożegnalnego, dzisiaj już można tak powiedzieć, wywiadu w „Rzeczpospolitej". Zapowiedział w tej rozmowie, że nagra własne przemówienie na swój pogrzeb. Bo nie chce, aby było ckliwo i żeby ktoś inny występował i „pieprzył nieszczerze". Zażyczył sobie pogrzebu kościelnego. „Wszystkie komuchy miały kościelne pogrzeby!"[45] – stwierdził. Sprawa nagrania przemówienia oczywiście nabrała rozpędu. Plotkowano, że płytkę CD przekazał Aleksandrowi Kwaśniewskiemu. Ale na pogrzebie nikt jej nie puścił, a sam Kwaśniewski oświadczył, że takiego nagrania w ogóle nie było. Wielu mu nie uwierzyło. Są przekonani, że płytka istnieje, a Oleksy tam nagrał odpowiednie przesłanie, które odpowiedni ludzie zablokowali... I tak może powstanie legenda o świętym Oleksym lub może bardziej o jego tajemniczych taśmach...

Niedługo potem spotkałam go na schodach kamienicy, w której Małgośka Daniszewska obchodziła urodziny. A więc kolejne spotkanie na kolejnych urodzinach. Trochę gości zebrało się na dole. Czekając na ciasną windę, zaproponowałam Józkowi, żebyśmy weszli na górę po schodach. Ale

---

[45] *Byłem oportunistą*, rozmowa Roberta Mazurka z Józefem Oleksym, „Plus – Minus" z 20 grudnia 2014.

powiedział, że miał niedawno zapalenie płuc, po którym „zrobiła mu się jakaś odma czy dodma i nie chciał się zasapać” – jak dodał. Przez chwilę postaliśmy na korytarzu, po czym ja pognałam na górę (rany, jaka byłam wtedy dziarska i sprawna), a Józek został, aby przepuszczać kolejne panie czekające na windę. Sam przy tym dowcipnie zagadywał wciąż przybywające nowe osoby. Teraz myślę, że może wiedział już o swojej śmiertelnej chorobie i tylko żartował o jakiejś tam odmie-dodmie. Dwa lata później nie był w stanie wziąć kolejnego oddechu.

Trzecie urodziny, na których ponownie się spotkaliśmy, hucznie odbyły się w Konstancinie. Tym razem po raz osiemdziesiąty swój jubileusz świętował Jurek Urban. Po licznych występach i przemowach gości sam zabrał głos i przebił wszystkich przedmówców wygłaszających dowcipnie zakrapiane peany na jego cześć. Oświadczył:

– Dziękuję za wszystkie miłe słowa, za tak liczne przybycie i korzystając z okazji, gorąco zapraszam wszystkich zebranych na mój pogrzeb.

Na urodzinach grała orkiestra, goście siedzieli przy stolikach, mnie udało się znaleźć miejsce naprzeciwko Hanki Bakuły, pewnej interesującej pary z Nowego Jorku i jeszcze ładniejszej na żywo Agaty Passent ze świeżo wtedy upieczonym małżonkiem, mrocznym i mrukliwym pisarzem Wojciechem Kuczokiem. Orkiestra grała piosenki Piotra Szczepanika, Czerwonych Gitar, a także swojsko-plebejskie przeboje jak *Taka mała* oraz:

Lecz wielka dzieli nas granica
Boś ty bogatą przecież jest
Ja jestem tylko zwykłym grajkiem
I jest mi w życiu bardzo źle[46]...

Przy stoliku obok siedział Józef Oleksy z żoną Majką, na temat której nawet moja mama rozpływała się w zachwytach, że ma tak delikatne i szlachetne rysy oraz świetną, szczupłą sylwetkę. Słowem – że to szykowna babeczka. Przy stoliku siedziało jeszcze wiele osób ze starej gwardii. A Oleksy co jakiś czas powtarzał, że w ogóle nie zna tych piosenek, że słyszy je po raz pierwszy. No to postanowiłam coś zrobić. Podeszłam do orkiestry i zamówiłam *Białego misia* z dedykacją specjalnie dla pana premiera. Żeby choć raz usłyszał znaną sobie piosenkę.

Kiedy rozległo się charakterystyczne:

Hej, dziewczyno, spójrz na misia,
On przypomni, przypomni chłopca ci
Nieszczęśliwego białego misia,
Który w oczach ma tylko szare łzy[47]...

...prawie wszyscy podłapali ton i zaczęli nucić, kiwając w takt stopą.

A Oleksy pyta: – Skąd wy to, do cholery, znacie?! Ja pierwszy raz słyszę...

Potem państwo Oleksowie byli tak mili, że podwieźli mnie do domu. Ja wciąż podczas jazdy nie

[46] *Granica*, Bajeranty.

[47] *Biały miś*, słowa i muzyka Mirosław Górski, 1970.

mogłam zrozumieć, jak można nie znać *Białego misia*, a Józek odparł:

– To Majka zna wszystkie piosenki. Bo była w harcerstwie.

Powiedział to trochę żartobliwie, ale i z dumą oraz czułością. Zawsze miał w zwyczaju tak się wyrażać o kochanej i kochającej żonie.

16 stycznia 2015 r.

...I POGRZEB

Nie pamiętam Józka na pogrzebie ojca. Ale chyba był. Zapamiętałam za to nasze wcześniejsze i ostatnie spotkanie z początku ubiegłej wiosny. Miałam propozycję kandydowania z ramienia jednej z partii, rozmawiałam też z przedstawicielami innej. Jednak wiedziałam, że najmądrzej w tej sprawie, dogłębnie i szczerze doradzi mi Józek, ze względu nie tylko na swoje polityczne doświadczenie, ale też relacje międzyludzkie i wrodzone zdolności psychologiczne. Słowem „Józek, Józek wszystko wie..."[48], choć z pewnością nie znał tej piosenki.

Wyszedł z Sejmu i spotkaliśmy się na herbacie w pobliskim Sheratonie. Rozmawialiśmy chyba z dwie godziny, nie licząc czasu, który zabierali inni politycy podchodzący do stolika, żeby się z Józkiem przywitać, serdecznie zagadać czy pożartować. Otaczała go aura sympatii również ze strony personelu. Ja też zawsze go lubiłam. Nie wiedziałam jednak, że po śmierci stanie się dla mnie aż tak ważny...

---

[48] *Józek*, słowa Ludwik Jerzy Kern, muzyka Wiktor Kolankowski, wykonanie Violetta Villas.

– Kto to jest na zdjęciu obok grobu dziadka? – spytał Gucio na stacji benzynowej, pokazując okładkę jednego z tabloidów.

– Pan premier Oleksy. Będzie leżał obok.

– Znali się?

– No pewnie, i lubili.

– To fajnie. Dziadek nie będzie sam.

– No, ten premier to był bardzo dowcipny i sympatyczny człowiek.

– A dziadek trochę bardziej sztywny…

– Bo już dłużej leży w grobie…

Uśmiechnęliśmy się z Guciem blado na ten czarny, montypythonowski żart. Może i zabawny, ale wcale nas jakoś nie rozśmieszył.

Na pogrzebie spotykam dużo znanych i znajomych. Dwa groby obok siebie, na obu kwiaty i wieńce. Ja oprócz wiązanki dla Józka mam również mały znicz dla taty. Zapala go Mirek z dawnej ochrony ojca. Wypatrzył mnie z daleka w tłumie, stał cały czas obok i odprowadził do taksówki. Jak zawsze niezawodny, jest jedną z tych coraz mniej licznych osób, które łączą mi przeszłość z teraźniejszością. Na koniec pogrzebu Józka znaną melodię zagrała kapela góralska Ciupaga. Założę się, że Józek powiedziałby:

– A skąd wy to znacie?

Rozrzewniły mnie te *Zoduski muzykonckie*, a jednocześnie dodały swoistej otuchy.

BO...

...już za kilka dni będę w Zakopanem. Zobaczę Giewont, zjadę Goryczkową, rozjaśnię duszę i zjem kwaśnicę. Choć powietrze tu bardziej zanieczyszczone niż w Katowicach czy Krakowie, a płaci się klimatyczne, to właśnie ta coroczna powtarzalność daje mi nadzieję, że mój świat, choć zmienia się, to wciąż trwa. Gorszy, hałaśliwy, mniej przyjazny, a jednak istnieje, póki słyszę gwarę góralską. I ja, choć słabsza i starsza, to wciąż na stoku, a nie na dnie potoku.

CZARNY CZWARTEK

Polska szaleje z radości. Skoki Stocha i innych. Ja i siedemset tysięcy rodzin widzimy bardziej skok franka do pięciu złotych. Frank szybuje na rekordową wysokość, my spadamy w przepaść. I jeszcze szczują na nas, że to przez chciwość. Większość polityków i ekonomistów mówi, że każdy bierze odpowiedzialność za siebie wpisaną w cenę ryzyka itd. A przede wszystkim – że najważniejszy jest wolny rynek. A ja się zastanawiam, dlaczego idea wolnego rynku ma być ważniejsza od bezpieczeństwa bytowego obywatela. Braliśmy w większości kredyt, wierząc (owszem, naiwnie), że bank to instytucja zaufania publicznego, a kredyt, reklamowany po kilkanaście razy dziennie w państwowej telewizji, to szansa na przyszłość. Poszliśmy dobrowolnie na rzeź nie przez chciwość i cwaniactwo, ale z nadzieją, że zapewnimy naszym dzieciom stabilną przyszłość.

19 stycznia 2015 r.

CZAS I PRZESTRZEŃ

Już sama podróż poprawia humor. Przesuwa ku lepszemu, rozrzedza mgłę przygnębienia. Teren coraz bardziej wyżynny, podobnie jak nastrój. Zabrałam ze sobą *Czarodziejską górę*. Fedek prowadzi samochód, Gucio gra na tablecie, a ja lekko podczytuję:

„Przestrzeń, podobnie jak czas, przynosi zapomnienie, ale czyni to, przerywając dotychczasowe stosunki człowieka z jego otoczeniem, przenosząc go w stan pierwotnej wolności". „Dwa dni podróży oddalają człowieka (...) od jego zwykłego otoczenia, od tego wszystkiego, co nazywał swoimi obowiązkami, interesami, kłopotami i widokami, o wiele bardziej, niż mogło mu się to wydawać (...). Przestrzeń, która wijąc się i pędząc, wdziera się pomiędzy niego a ojczystą glebę, wykazuje moc, przypisywaną na ogół wyłącznie czasowi; z godziny na godzinę wywołuje ona wewnętrzne zmiany bardzo podobne do zmian wywoływanych przez czas, ale poniekąd jeszcze je przewyższające"[49].

No właśnie.

---

[49] Tomasz Mann, *Czarodziejska góra*, przeł. Józef Kramsztyk, Czytelnik, Warszawa 1982.

20 stycznia 2015 r.

WZROST I SPADANIE

„Lato się we mnie przełamało" – mówił Wiktor w *Pannach z Wilka* Jarosława Iwaszkiewicza, kiedy uświadomił sobie, że już za późno na miłość, nowe życie, że wszystko, co najważniejsze, już było, a to, co będzie, to tylko starość. No a potem – wiadomo.

A we mnie zima się przełamała. Każdego roku już pod koniec jesieni zaczynam tęsknić za górami, zapachem świerków po halnym, ciszą przytłumioną ciężarem świeżego śniegu, no i oczywiście jazdą na nartach. To moja witalna tożsamość. Tylko raz nie byłam na nartach, zimą 2004 roku, gdy 29 lutego urodził się Gucio. A teraz jestem w Zakopanem, leżę z kolanami obłożonymi lodem, bo już pierwszego dnia była wywrotka i złapała mnie kontuzja. Bolą kolana, barki, a najbardziej dusza boli. Zamiast szusować, leżę na kanapie i patrzę przez okno na Giewont. Czuję, że jestem stara, prawie niedołężna, schylona smutkiem i świadomością przemijania.

Fedek przywiózł mi poniedziałkową prasę. Wszyscy piszą o kandydatce na prezydenta Magdalenie Ogórek. Osobiście mało mnie to już zajmuje. Znacznie bliżej mi do wstępniaka we „Wprost".

„Szwajcarski frank topi polskie rodziny. NBP podaje, że pod koniec 2013 roku wartość zagrożonych kredytów hipotecznych przekroczyła 10 mld zł. Wzrost kursu franka tylko pogłębi ten stan. Zajmujemy się sprawą od dawna i nie przestaniemy. Piszemy, że banki kredytu we frankach nie udzielały. Były wiceminister finansów prof. Witold Modzelewski wyjaśnia: »Dawały tak naprawdę w złotówkach, ale zobowiązywały do spłaty po nieznanym w przyszłości kursie. W ofertach i reklamach przedstawiały to jako najlepszą i najbezpieczniejszą formę kredytu, wprowadzając klientów w błąd. Zarabiały na tym ogromne pieniądze. Bank to nie kasyno, lecz instytucja objęta nadzorem publicznym, kredyt to umowa prawna, która zakłada, że spłacam to, co pożyczyłem. Tymczasem banki w Polsce i w Europie uprawiały zwyczajną spekulację«. A co na to państwo? Nic. Dla polityków nie ma sprawy”[50].

W przeciwieństwie do kursu franka spadam coraz niżej. Na dnie emocjonalnej przepaści znajduję wywiad z Jerzym Gruzą. Wokół jego nowej książki o znamiennym tytule *Pożegnanie z karnawałem. Podglądy, podsłuchy, podszepty*. Reżyser moich ulubionych seriali komediowych z dzieciństwa twierdzi, że kończy się karnawał stabilizacji, przyzwyczajenia do czegoś, co jest. Wszystko zaczyna się łamać i kruszyć. A to, co było do tej pory białe, staje się obecnie czarne. I że człowiek im bardziej stary, tym bardziej samotny. Smutno wspomina swoją niedawną wizytę w kawiarni Czytelnika.

---

[50] Sylwester Latkowski, *Wstępniak*, „Wprost” 19-25 stycznia 2015.

„Na stoliku Tadeusza Konwickiego stała zapalona świeczka – opowiada. – Siedziała przy nim jakaś pani, chichotała, rozmawiając przez telefon”[51].

Dzieli mnie z Jerzym Gruzą różnica trzydziestu jeden lat. A odnoszę wrażenie, że staliśmy się rówieśnikami.

Resztkami sił staram się spojrzeć na moją kontuzję z optymizmem. Czas, który spędziłabym na stoku, zapełniam pisaniem kolejnych rozdziałów. Sytuacja troszkę przymusowa, jak w filmie *Misery* według Stephena Kinga, kiedy pisarz po wypadku samochodowym w górach zostaje uwięziony przez swoją psychofankę w jej zasypanym śniegiem domu. Pisarz ma połamane nogi, pisze pod przymusem, ale przynajmniej ma ładny widok z okna. Ja też mam niezły widok.

---

[51] *Zwija się nasz stolik*, rozmowa Cezarego Łazarewicza z Jerzym Gruzą, „Wprost” 19-25 stycznia 2015.

MALINIAK I INNI

Kiedy byłam dzieckiem i oglądałam serial *Czterdziestolatek*, inżynier Stefan Karwowski wydawał mi się człowiekiem starym – ze szronem na głowie, gderliwą żoną i małą jak jego samochód stabilizacją. A jednak chciało mu się romansów, inżynierowa też zakochała się w profesorze Koziełle (wtedy najpiękniejszy na świecie Jan Nowicki w jednym z moich ulubionych odcinków). Państwo Karwowscy przerabiali mieszkanie, kiedy zostali dyrektorostwem, kanty zmieniając w łuki pod wpływem inspiracji ekscentrycznego projektanta wnętrz. A Rosiewicz śpiewał:

> Czterdzieści lat minęło, to piękny wiek,
> czterdzieści lat i nawet jeden dzień.
> Na drugie tyle teraz przygotuj się,
> a może i na trzecie, któż to wie?[52]

Na drugie tyle? Wtedy wydawało mi się to jakimś absurdem. Czterdziestka już była wystarczającym rekordem. Tym bardziej że mój ojciec, który

[52] *Czterdzieści lat minęło*, słowa Jan Tadeusz Stanisławski, muzyka Jerzy Matuszkiewicz, wykonanie Andrzej Rosiewicz.

został ojcem w wieku czterdziestu lat, zawsze mi powtarzał, że jest stary i schorowany.

Ale to nie przeszkadzało w śledzeniu losów moich ulubionych bohaterów serialu. Władysław Hańcza w roli ojca Madzi, leśnika i myśliwego, człowieka z lasu rozczarowanego miastowym zięciem. Przyjeżdżał do córki z wyżłem i rogiem myśliwskim, na którym Mareczek próbował wydmuchać *Ku mnie*. Janusz Gajos – prywaciarz szwagier, dobrze radzący sobie z peerelowską rzeczywistością. Właściciel fermy drobiu, o bogatym życiu wewnętrznym deklamujący Norwida wśród kurzych odchodów i pierza:

Mówią, że postęp nas bogaci co wiek
– Bardzo mi to jest miło i przyjemnie –
Niestety! co dnia mniej cieszę się ze mnie,
Śmiertelny człowiek![53]

Grany przez Leonarda Pietraszaka przystojny lekarz i przyjaciel domu Karol Stelmach, który ze względu na powodzenie u kobiet cenił sobie życie kawalerskie. Roman Kłosowski w roli Maliniaka – cwanego technika z budowy inżyniera Karwowskiego, którego czterdziestolatek nie znosił. A Maliniak zawsze potrafił się wkręcić. Nawet Madzię podrywał na dancingu, figlarnie grożąc jej paluszkiem i śpiewając:

Nie zaczynaj – opanuj tę ochotę
Nie zaczynaj – myśl przedtem, a nie potem...[54]

[53] Cyprian Kamil Norwid, *Sieroctwo*.

[54] *Nie zaczynaj*, słowa Jacek Korczakowski, muzyka Adam Skorupka.

Ale najbardziej mi się podobał dozorca Walendziak, dzieciorób – grany przez Jana Gałązkę. Dozorca zaplanował przyszłość dla każdego ze swoich małych Walendziaczków. Jeden miał zostać wojskowym, drugi profesorem i tak dalej...

– A co...?! Nie wygląda? – pytał Karwowskiego, wskazując na bobasa w wózku dziecięcym.

Dlaczego już nie ma tak zabawnych seriali?

Jerzy Gruza to również reżyser wspominanej już tu przeze mnie *Wojny domowej*. Współautorką scenariusza była Mira Michałowska, którą miałam zaszczyt poznać, pracując z nią przez jakiś czas w „Twoim Stylu". Była już mocno starszą panią, ale o dużej urodzie, wdzięku i klasie. Miała niezwykle ujmujący uśmiech i bystre oczy. Znałam niemalże na pamięć wszystkie odcinki *Wojny domowej* łącznie z piosenkami.

Tak mi źle, tak mi źle, tak mi łyso
Szary jest kot i pies, szare dni są.
W szkole znów sporo luf z roli stonki
Jeden szewc, ten, co wiesz, robi już „rolingstonki". [55]

Ta zabawa słowna autorstwa Wojciecha Młynarskiego do muzyki Jerzego Matuszkiewicza oddawała ducha epoki. Do tego *Nie bądź taki szybki Bill*. No i oczywiście sakramentalne pytanie domokrążcy:

– Czy jest suchy chleb dla konia?

---

[55] *Tylko wróć*, słowa Wojciech Młynarski, muzyka Jerzy Matuszkiewicz.

Kultową postacią był Pawełek. Nie tylko ze względu na problem z obcinaniem włosów, również ze względu na bezpretensjonalną lekkość gry aktorskiej Krzysztofa Janczara. Po kilku latach zobaczyłam film *Nie zaznasz spokoju* w reżyserii Mieczysława Waśkowskiego. Janczar zagrał w nim rolę młodego przestępcy... przejmująco. Otrzymał za nią nagrodę na festiwalu w Gdańsku. Sam film jednak nie był dostatecznie doceniony. Prawdopodobnie dlatego, że ukazał się równocześnie z głośnym filmem Marka Piwowskiego *Przepraszam, czy tu biją?* z Andrzejem Kulejem w roli głównej. Wielka szkoda.

SALAMANDRA

Wróciłam na stok. Humor coraz lepszy, tym bardziej że instruktor Gucia stwierdził, że jeżdżę z gracją. Chociaż to chyba naciągany komplement, bo chodziło mu raczej o to, iż robię to oldskulowo. Najważniejsze, że jestem na stoku i z dumą patrzę na mojego szybko zjeżdżającego syna. Kolana trochę bolą, ale po obiedzie i tak decyduję się na coroczny rytuał choćby popatrzenia na Dworek, choćby z daleka, przez ogrodzenie...

Kuśtykam coraz szybciej, serce mi się ściska na widok rozebranej doszczętnie drewnianej kręgielni wybudowanej jeszcze za czasów panowania państwa Dłuskich. Kiedy zbliżam się do parkanu, widzę, że nowi właściciele wyremontowali Dworek pieczołowicie. Teren też zadbany, może nawet za bardzo, wolałam te zacienione chaszcze... Były bardziej moje, bliższe wspomnieniom. Nagle z zadumy wyrywa mnie kobiecy głos.

– A tutaj to chyba generał Jaruzelski przyjeżdżał – odzywa się do mnie elegancka pani w granatowej kurtce i patrzy tak, jakby mnie rozpoznała.

Zaczynamy rozmawiać, przedstawiamy się sobie. Kobieta woła córkę, która bawi się ze swoim kilkuletnim synem. Mówi, że córka jest majorem Wojska Polskiego, absolwentką WAT-u i niedawno wróciła z misji... Jest powód do dumy.

Niestety w czasie rozmowy potwierdziło się, że całe WDW też nie należy już do wojska i przeszło w prywatne ręce. Ktoś z mojego pensjonatu powiedział, że nowi właściciele zwolnili większość personelu pracującego tam od lat. Znowu wracają wspomnienia...

W 1928 roku sanatorium od państwa Dłuskich wykupiło Ministerstwo Spraw Wojskowych. Od tej chwili stało się Sanatorium Wojskowym w Zakopanem, przy którym utworzono Wojskowe Domy Wypoczynkowe (WDW). Główny gmach, czteropiętrowy, z czerwonej cegły, miał dobudowane drewniane werandy, na których pacjenci leżakowali. Zaprojektowany przez krakowskiego architekta Wandalina Beringera, autora również murowanego Dworca Tatrzańskiego przy Krupówkach, został wzniesiony przy dużym wsparciu nie tylko Marii Curie-Skłodowskiej. Również Heleny Modrzejewskiej, Henryka Sienkiewicza i Ignacego Paderewskiego. W Dworku Prezydenckim mieszkali najważniejsi w państwie – oprócz Naczelnika i prezydenta Mościckiego, także marszałek Rydz-Śmigły i cała generalicja II RP. Te budynki znajdują się przy ulicy Nędzy-Kubińca.

A idąc w górę ulicą Wojdyłówką, dochodzi się do ulicy Salamandry, przy której znajduje się potężna, pięciopiętrowa budowla z kamienia. Dzisiejszy/niedzisiejszy WDW „Salamandra". Kolejny budynek sanatoryjny z niesamowitą przeszłością i... tragiczną rzeczywistością. Robił nieprawdopodobne wrażenie kształtem, potęgą i umiejscowieniem. Z jego okien i tarasu widać najpiękniejsze widoki Tatr z Czerwonymi Wierchami i Krzesanicą na czele. Przed wojną prowadziła w nim pensjonat siostra generała Tadeusza Kasprzyckiego, ministra spraw wojskowych. Po wojnie wraz z całą sanatoryjną zabudową został przejęty przez LWP. Stał się pięknym budynkiem wczasowym.

A dzisiaj? Dzisiaj Salamandra to... obraz nędzy i rozpaczy. Sprawia wrażenie, jakby ktoś uciekał stąd w pośpiechu, porzucając wszystko, co wchodziło w skład posiadania. Poniszczone fotele, stoły, resztki pościeli, jakieś dokumenty, porozrywane podłogi i powybijane okna. Wszędzie na ścianach gryzmoły, po kątach puste butelki i hula wiatr... Korytarze usłane pierzem kojarzą się z pogromem... Kiedyś wokół głównego budynku i trzech mniejszych zabudowań roztaczał się park, było oczko wodne, mostki, urokliwe schodki i plac zabaw. Dzisiaj to wszystko zarosło trawą i chwastem.

Mówiło się, że w 2004 roku wykupił Salamandrę zakopiański biznesmen Andrzej Stoch, znany z tego, że wykupuje w Zakopanem, co tylko się da wykupić. No i...? Chyba czeka na śmierć naturalną Salamandry. A potem? Może kolejny apartamentowiec? Choć ostatnio słyszałam, że Salamandra należy do kogoś innego. Takie to dzisiaj wszystko pogmatwane. Nie można dojść, kto, co, komu i dlaczego sprzedał, kupił, wydzierżawił. Nawet Kasprowy podobno należy już do jakiejś spółki z Luksemburga.

A Salamandra cały czas umiera...

Domy, domy, gdzie jesteście,
pod którym oceanem, w czyim wspomnieniu,
pod dachówką którego nieistnienia?
Gdy wiatr otwierał okna, do pokoi
wdzierała się sina przyszłość
i dławiła oddech muślinowych firanek.[56]

[56] Adam Zagajewski, *Dom* [w:] *Wiersze wybrane*, Wydawnictwo a5, Kraków 2014.

NOCNIK OBIEŻYŚWIAT

Z pobytów w Kościelisku dobrze sobie zapamiętałam dwóch generałów. Pierwszy z nich to generał Józef Kuropieska. Już samo jego nazwisko dla dziecka było niezwykłą zbitką znaczeniową – kury i pieska. Zapamiętałam jego białe włosy i to, że musiał dużo czasu spędzać w górach, bo zawsze miał twarz osmaganą wiatrem. To był niesamowity kontrast – tych białych włosów, krzaczastych brwi w połączeniu z ciemną karnacją i mocnymi rysami twarzy. Mama mówiła, iż generał przypomina jej Jeana Gabina. Pamiętam, że bardzo dużo mówił, ze swadą, głośno i rubasznie. Wszyscy uwielbiali go słuchać – równie zachwyceni byli jego opowieściami moi rodzice, babcia, co panie kelnerki. A często używał charakterystycznych określeń. To od niego nauczyłam się powiedzenia „smalić gorzałę". Lubił też opowiadać o sobie lub o żonach. Z tego, co pamiętam, jedna z nich była krawcową, mówił też o gospodarności u kobiet i jeszcze coś o płci pięknej, jak wnioskowałam z tonu, chyba ważnego, lecz jako dziecko nie zrozumiałam, więc i zapomniałam. Albo o swoim pobycie w stalinowskim więzieniu – choć tę historię raczej opowiadał mojemu ojcu. Przez całą noc był przesłuchiwany, musiał stać na baczność, bito go i obrzucano inwektywami. Co rusz przesłuchujący rzucał pytaniem:

– Mów, z kim spiskowałeś przeciwko Polsce Ludowej?!

Na co on odpowiadał:

– Ależ oczywiście, że mogę to powiedzieć...

Oficer śledczy natychmiast się ożywiał.

– Spiskowałem z towarzyszem Bierutem, spiskowałem z towarzyszem Gomułką, spiskowałem z towarzyszem Cyrankiewiczem...

Krążyły o nim w WDW anegdoty. Zawsze na jego widok ożywiała się damska część personelu. Czasem dlatego, że awanturował się, choć zawsze w żartobliwym tonie, o wielkość nakładanych porcji jedzenia. Na przykład wybierał się na całodniowy wypad w góry, to żądał większego kawałka masła lub większego przydziału dżemu.

Mieszkał w budynku starego WDW albo w Salamandrze, a my jak zawsze w Dworku. Odwiedzał nas, kiedy byłyśmy same z babcią. Uwielbiał z nią rozmawiać, a kiedy była zajęta, zaczynał rozmawiać ze mną. Kiedyś zabrał mnie na spacer, który stał się potem głośny w naszej rodzinie. Tuż przed Bożym Narodzeniem babcia była zajęta przygotowywaniem potraw. Generał przyszedł i widząc jej zabieganie, zaproponował, że weźmie mnie na spacer. Babcia chętnie na to przystała zadowolona, że choć na chwilę pozbędzie się dziecka. Była przekonana, iż chodzimy sobie po śniegu niedaleko domu. A tu mija godzina, druga, trzecia... robi się ciemno, a nas nie ma. Wyszła przed dom – wszędzie pusto. Wróciła do kuchni, wygląda przez okno, a tu nawet śladu po nas.

Oczywiście już pełna nerwów chciała zaalarmować pogotowie górskie, kiedy nagle Kuropieska stanął ze mną na progu. Oboje rumiani od mrozu, dotlenieni… Babcia powinna być zadowolona – ile wtedy się naoddychałam. I co się okazało? Generał wziął mnie na barana i poszliśmy na Kasprowy. Ja tego nie pamiętam, bo miałam wtedy ledwie cztery lata. Chociaż szkoda. Ale babcia czasami wspominała:

– No widzieliście? Dziecko na Kasprowy zabrał!

Przez te pierwsze lata naszych pobytów w Kościelisku ojciec był szefem sztabu, a ministrem obrony narodowej marszałek Marian Spychalski. Bywał w Dworku Prezydenckim z żoną Barbarą. Oni mieszkali na dole, my na górze. I pamiętam pewną sytuację, której z kolei wolałabym nie pamiętać.

Babcia miała na mnie pewną metodę. Wieczorami, kiedy szła dobranocka w telewizji, sadzała mnie na nocniku. W ten sposób ja załatwiałam jedną, najwyżej dwie sprawy, a babcia co najmniej cztery. Dziecko było zajęte bajką, mogło się wysikać przed nocą, a jednocześnie jadło kolację, gdy ona miała chwilę dla siebie.

No więc siedzę na nocniku w barwach wojskowej zieleni, który był, można powiedzieć – prawdziwym wojażerem. Ponieważ wszędzie z nami jeździł; mama zawsze zabierała go w podróż, być może nie chcąc, abym siadała na sedesie używanym przez osoby dorosłe. Siedzę na nocniku, w ręce trzymam kanapkę i gapię się na kolejną przygodę Gąski Balbiny z Kurczakiem Ptysiem. A tu nagle otwierają się drzwi. Wchodzi marszałek Spychalski i mówi:

– O, widzę, że królewna siedzi na tronie…

Kompletnie zdrętwiałam. A on poszedł do babci. Słyszałam ich rozmowę i gorączkowo się zastanawiałam, co mam robić. Szybko wstać i się ubrać. A jeśli nie zdążę?... Czy dalej siedzieć i czekać, aż wyjdzie. A jeśli będzie chciał się ze mną pożegnać?... W myślach wzywałam rozpaczliwie babcię. Byłam przekonana, że tylko ona może mnie uratować z opresji. Musiało to być bardzo mocne doznanie, skoro pamiętam je do dziś, a miałam wtedy nie więcej niż trzy, cztery lata.

Utkwiły mi jeszcze w pamięci dwie sytuacje, które wydarzyły się w Kościelisku. Zimą 1970 roku, kiedy Edward Gierek został I sekretarzem, mama w podnieceniu mówiła, że to emigrant z Francji i były górnik przyjechał, nowoczesny człowiek, który wprowadzi w Polsce pozytywne zmiany.

Jedenaście lat potem znowu jesteśmy w Kościelisku. Jest luty, ja mam ferie zimowe. Nagle z telewizji dowiadujemy się, że ojciec został premierem. Wtedy mama zaczęła płakać, i to bynajmniej nie z radości...

14 lipca 1966 r.

LIST

Basieńko Droga

Dziękuję Ci za miłą kartkę. Poza informacjami telefonicznymi właściwie niewiele mam do dodania.

Gucio już zupełnie zdrów, nabiera apetytu, przybiera na wadze. Zakopane bardzo się jej podoba (powiedziała mi to sama telefonicznie). Chodzi na spacery, bawi się z dziećmi.

Twoja Mama, mimo że ma tak wiele kłopotów z Moniczką, chyba też z pobytu w górach jest zadowolona. Moja Matka niestety czuje się gorzej. Wróciły częste wymioty, wygląd bardzo zły (...).

Ja jestem zdrów. Pracuję bardzo dużo. Tym bardziej że cała seria dłuższych wyjazdów spowodowała wyjątkowe spiętrzenie się zaległych spraw (...).

Czekam na Twój powrót.

Całuję mocno
Wojtek

Nie wiem, gdzie mama wtedy była. Może pojechała na Suwalszczyznę, gdzie często spędzała wakacje jeszcze za panieńskich czasów, głównie opalając się nago na stogu siana. Ojciec chyba pisał niedługo po tym, kiedy miałam operację wyrostka. I już z Puciuni zamieniłam się w Gucia.

Niedługo potem umrze babcia Wanda, mama ojca.

CHRZEST MAMY

– Mamo, jak ty właściwie masz na imię?

– W domu i wśród rówieśników to Basia. Ale w pracy i wszędzie oficjalnie funkcjonowałam jako Halina.

– Czyli tak jak masz w dowodzie: Halina Barbara.

– Tak.

– To opowiedz, mamo, jak to z twoim chrztem było? To taka filmowa historia.

– Półtora roku przed moimi narodzinami zmarł mój starszy brat Wiesio. W ogóle dużo wtedy dzieci w Lublinie umierało na jakąś infekcję przewodu pokarmowego. Moja mama, czyli twoja babcia, była zrozpaczona. Tym bardziej że jak się urodził, to wszyscy mówili: „O, jaki mocarny chłopak". A jednak umarł. Mimo że ponoć już mając pół roku, potrafił stać, trzymając się fotela. Tak że było to rzeczywiście bardzo silne dziecko. Kiedy ja przyszłam na świat, też dosyć szybko zachorowałam na podobną chorobę. Przerażona mama uznała, że trzeba mnie jak najszybciej ochrzcić. Była noc, kiedy moja babcia wynajęła dorożkę i zajechała pod nasz dom. Weszła na górę, zawinęła mnie w becik i dorożką zawiozła do katedry lubelskiej. Ulice puste, katedra zamknięta... Babcia w desperacji chwyciła parasolkę i zaczęła nią pukać do księdza, który już spał. No i ksiądz w kapciach, zaspany otworzył drzwi. Kiedy zobaczył, że się nie ruszam, powiedział: „Trupów nie chrzczę". I wtedy babcia, która miała zawsze przy sobie piękną broszkę… odpięła tę broszkę i zaczęła mnie w pięty kłuć. Jak ja się zaczęłam ruszać…

– …na pewno zaczęłaś płakać...

– …wtedy ksiądz zgodził się ochrzcić. A, i jeszcze nie powiedziałam, że po drodze złapali jakiegoś podpitego kelnera, który wracał z restauracji. Babcia zatrzymała go, żeby był świadkiem na chrzcie. Ale on nie chciał…

– …zostać ojcem chrzestnym?

– Tak. Ale babcia obiecała mu 20 złotych, a to przed wojną było dosyć dużą sumą. – A jak jeszcze był pijak, to chętnie wziął.

– Kiedy ksiądz mnie chrzcił, a babcia podpisywała papiery, moja matka klęczała przy cudownym Krzyżu Trybunalskim w katedrze i modliła się, żebym przeżyła. A ten kelner złapał dwudziestkę i uciekł. Babcia mówiła, że już nigdy więcej go nie widziała. Więc może to jakiś przyjezdny był. I tak to się skończyło. Był chrzest w nocy, ale uroczystych chrzcin nie było.

ZA SZYBKO

O, tu bym się z Reginą Brett wyjątkowo zgodziła.

„Życie mija tak szybko, że zastanawiamy się, czy ktoś nie przyspieszył obrotów Ziemi. Nie wyrwał kartek kalendarza. Żyjemy tak, jakby jedno z dziesięciu przykazań brzmiało: »Nie odpoczywaj«. Nawet Bóg wziął sobie jeden dzień wolnego”[57].

Żyjemy w pełni tylko wtedy, gdy możemy odetchnąć z ulgą, zaczerpnąć powietrza i bez narzucanej przez świat zadyszki oddychać pełną piersią. Proste, aż za bardzo proste, ale dziś prawie niemożliwe.

Nie poganiaj mnie, bo tracę oddech,
Nie poganiaj mnie, bo gubię rytm[58]...

...prosiła Kora w latach osiemdziesiątych. Któż wtedy mógł przypuszczać, że tak świat przy-

---

[57] Regina Brett, *Bóg zawsze znajdzie ci pracę. 50 lekcji, jak szukać spełnienia*, przeł. Olga Siara, Insignia, Kraków 2014.

[58] Maanam, *Nie poganiaj mnie, bo tracę oddech.*

spieszy. Dzisiaj wielu z nas dusi się od nadmiaru obowiązków. Przytłoczeni koniecznością, nadmierną ambicją lub zwyczajnie ludzkim lękiem.

W młodości żyłam do utraty tchu, ale z własnego wyboru. Nieraz zatracałam się, wręcz zachłystywałam powietrzem pełnym emocji i głębokich doznań. Z wiekiem trudniej żyć z poczuciem ciągłej zadyszki. Nie jest chyba też tak, jak pisała Maya Angelou – iż życie mierzymy liczbą chwil, które zapierają dech w piersi.

Nauczmy się cieszyć tym, że wciąż oddychamy...

DUM SPIRO, SPERO

Łacińska sentencja mówi: „Póki oddycham, nie tracę nadziei".

Dlatego „(...) przyglądając się osobie w głębokiej depresji, cudem zauważamy u niej jakiekolwiek oznaki oddychania. Tego typu hamowanie oddechu można często zaobserwować u ludzi, którzy w niezwykle stresujących sytuacjach wstrzymują oddech, aby odciąć dopływ bolesnych uczuć. (...) Tłumiąc i wypierając z pamięci zbyt bolesne dla nas doznania, dławimy także uzdrawiający i ożywczy oddech"[59].

[59] Stella Weller, *Oddech w psychoterapii*, rozdz. *Oddychanie a psychika*, Gdańskie Wydawnictwo Psychologiczne, Sopot 2012.

ŻAŁOBA

– Mamo, czemu jesteś smutna?

Siedzimy z Guciem na kanapie. Oglądamy jakiś film. Gucio zaczyna uważnie mi się przyglądać. I mówi:

– Ty już chyba jesteś na ostatnim etapie...

– Na jakim etapie?

– Żałoby.

– A ty skąd wiesz o etapach żałoby? Przecież ci nie mówiłam.

Gucio pokazuje mi w internecie. Mój mądry syn. Cztery etapy żałoby[60].

Pierwszy etap to akceptacja zaistnienia straty.

Nadchodzi wiadomość o śmierci bliskiej osoby wywołująca szok, odrętwienie i niedowierzanie. Nawet w sytuacji, gdy bliski długo chorował. Wydaje się to tak niemożliwe, że oczekuje się wręcz powrotu zmarłego. Na tym etapie mogą pojawiać się halucynacje związane z obecnością zmarłej

[60] Za: Małgorzata Kowalewska, *Ku odzyskaniu sensu. O przeżywaniu straty bliskiej osoby*, strona Instytutu Psychologii Zdrowia Polskiego Towarzystwa Psychologicznego.

osoby. Zatrzymanie się w tej fazie oznacza trwanie w zaprzeczaniu stracie, które uniemożliwia jej doświadczenie i przeżycie związanego z nią bólu. Aby rozpocząć proces żałoby, należy zaakceptować poniesioną stratę, jak również zrozumieć to, co się wydarzyło, czyli jak doszło do śmierci bliskiej osoby.

Drugi etap to przeżywanie bólu straty.

Kiedy osoba doświadczająca straty uzna tę śmierć zarówno na poziomie emocjonalnym, jak i intelektualnym, zaczyna przeżywać bardzo silne i często sprzeczne uczucia. To tak zwana „faza ostra" całego okresu żałoby. Ale pełne doświadczenie bólu straty jest jedyną drogą na przepracowanie żałoby i uwolnienie się od cierpienia. Ponieważ żałoba jest przeżyciem niecodziennym i nieznanym, niesie ze sobą uczucia, których nigdy wcześniej się nie doświadczyło, lub takie, które jest trudno zaakceptować. Osoba w żałobie doświadcza dużego smutku, płacze i trudno jest jej wyobrazić sobie, że kiedyś znów będzie mogła cieszyć się życiem. W okresie tym codzienne czynności, praca, obowiązki wymagają wiele wysiłku. Na tym etapie mogą również towarzyszyć myśli samobójcze, chęć nieistnienia lub połączenia się ze zmarłym.

Ból po stracie może się również przejawiać w postaci buntu i agresji kierowanych na inne osoby, na Boga, na zmarłego, na przyjaciół. Wątpi się w wyznawane wartości. Są to naturalne reakcje w tym okresie, gdyż doświadczając straty, człowiek czuje się ograbiony z osoby, którą kochał, z marzeń, które się z nią wiązały, z poczucia bezpieczeństwa. Jakaś jego część została bezpowrotnie utracona. Przeżywanie cierpienia może być potęgowane poczuciem winy wobec zmarłego. Żałuje się niewypowiedzianych w porę słów lub słów, które właśnie zostały wypowiedziane. Ma się potrzebę cofnięcia czasu i naprawienia krzywd. Tylko skonfrontowanie się ze swoimi przeżyciami doprowadzi do uwolnienia się od tych trudnych uczuć i pozwoli pójść dalej.

Trzeci etap to radzenie sobie w nowej rzeczywistości bez osoby zmarłej.

Ten etap przynosi stopniowe odzyskiwanie sił życiowych i powrót do równowagi. Osoba dotknięta stratą zaczyna dopuszczać do siebie myśl, że życie bez zmarłego oraz poradzenie sobie w nowej sytuacji są możliwe. Trzeba na nowo zorganizować swoje życie tak, aby poradzić sobie bez tego, kogo się straciło. To wymaga sporego wysiłku i aktywności. Wiąże się niekiedy z uczuciem zwątpienia we własne możliwości, rozczarowaniem i smutkiem, gdy na przykład z powodu śmierci bliskiej osoby zmienia się status społeczny żałobnika i jego relacje z otoczeniem. Na tym etapie bardzo ważne jest wsparcie najbliższych.

Czwarty etap to odnalezienie na nowo radości z życia i nowego miejsca dla osoby zmarłej.

To jest etap domknięcia żałoby. Dla wielu on może być najtrudniejszy. Ponieważ należy znaleźć nowe miejsce dla osoby zmarłej w ich życiu. Dotąd podczas żałoby zmarły był postacią centralną. Na niej skupiało się całą energię życiową, uwagę, emocje i myśli. Pójście dalej wymaga uwolnienia tejże energii, zmiany intensywności relacji ze zmarłym.

Powoli zaczyna się dostrzegać życie poza związkiem ze zmarłym. Na nowo cieszyć się otaczającym światem. Ale na tym etapie może również się pojawić lęk, że kolejne relacje także zakończą się stratą. Niektóre osoby z obawy przed tym postanawiają nie zawierać nowych związków, nie odczuwać miłości do innych i do samego życia. Oznacza to zatrzymanie życia w momencie straty – bywa, że na wiele lat.

Kiedy uda się wypełnić ostatnie zadanie, nie pominąwszy poprzednich, proces żałoby zostaje zakończony...

CZAS NAGLI

...Odkładam ten moment już od dawna. Ale wiem jak skazaniec, że w końcu przyjdzie czas i będę musiała opowiedzieć o tych najtrudniejszych dniach, kiedy żegnałam się z ojcem. A właściwie nie żegnałam, bo dopiero w ostatnich dwóch tygodniach zrozumiałam, że to koniec.

Po długiej hospitalizacji na Szaserów ojciec pojechał do sanatorium w Busku na trzy tygodnie, aby poddać się intensywnej rehabilitacji. Czuł się przed wyjazdem bardzo słaby. Na początku kwietnia pojechałam go odwiedzić. Wydawał się znacznie bardziej ożywiony niż podczas pobytu w szpitalu, lepiej wyglądał, mówił, że wraca mu apetyt, że ma codzienne masaże i rehabilitację. I powiedział coś, czego nie mówił już od lat:

– Wiesz, Moniczko, po raz pierwszy od bardzo dawna mam nadzieję, że to jeszcze nie koniec.

Te słowa napełniły mnie optymizmem. Jak się okazało – nie na długo. Wkrótce potem znowu był osłabiony. Rehabilitacja tak wycieńczonego wiekiem i chorobami organizmu nie przyniosła oczekiwanego efektu. Zaczęły się kolejne komplikacje zdrowotne i ojciec musiał wrócić do szpitala.

Wielka Niedziela przypadała na 20 kwietnia. Przygotowałam śniadanie wielkanocne, kupiłam ładny koszyk, palemkę, którą chciałam postawić ojcu w pokoju szpitalnym. Razem z mamą, Fedkiem i Guciem pojechaliśmy go odwiedzić. Widać było, że jest szczęśliwy. Podobnie było podczas Bożego Narodzenia – miał najbliższych przy sobie. Rozmawiał z nami dość ożywiony. Był na tyle komunikatywny, że kiedy mama zaczęła robić mu tradycyjne wymówki, spojrzał na mnie porozumiewawczo i mrugnął, co oznaczało, że się czuje lepiej, mimo wszystko. Na zewnątrz czekali paparazzi powiadomieni przez kogoś, że będziemy u ojca tego dnia w szpitalu. Swoją drogą, nie zazdroszczę im pracy, zamiast świętować z rodziną, koczują przy szpitalnej windzie. Poczęstowałam ich czekoladowymi zajączkami. Alleluja!

Po tej wizycie Fedek, jako lekarz pracujący wiele lat na intensywnej terapii, uprzedził mnie, że to już długo nie potrwa... Jak to?! Widzę przecież ojca w lepszym stanie, co prawda mocno wychudzonego, ale jednak siedzącego na łóżku i rozmawiającego – a on tu takie rzeczy mówi. Ofuknęłam Fedka, dlaczego tak kracze, kiedy ja widywałam ojca w dużo gorszym stanie i zawsze z tego wychodził. Świadoma jego dziewięćdziesięciu jeden lat, wciąż jednak nieprzyjmująca do wiadomości...

Niedługo potem był długi weekend majowy. Koledzy Gucia mieli jechać na Mazury, a on umówił się z nimi, że ich odwiedzi. Miałam wątpliwości, czy pojechać z synem, czy jednak te dni spędzić z ojcem. Jego stan jakoś tam się ustabilizował, więc wyjechałam. Na Mazurach złapała mnie migrena, nie byłam w stanie sobie z nią poradzić. Dlatego wolałam przebywać sama w ciszy, a jednocześnie czułam się źle, że ojciec pozostał w Warszawie. Ale za chwilę się pocieszałam, kiedy dzwoniłam do niego i rozmawialiśmy. Jak zwykle troszczył się o moje zdrowie. Powtarzał, że dobrze, iż wyjechałam odpocząć, i powinnam jak najdłużej przebywać na świeżym powietrzu. Po raz pierwszy jednak od tych ponad pięćdziesięciu lat zapomniał o moich imieninach – 4 maja. Choć zawsze starał się być pierwszą osobą, która dzwoni do mnie w imieniny czy urodziny. To też mnie nie zaniepokoiło. Bo tak długie przebywanie w szpitalu, w jednym pomieszczeniu, bez codziennego kontaktu ze światem zewnętrznym powodowało, że nie zawsze wiedział, jaki jest dzień tygodnia czy miesiąca. Zresztą nie miało to w sumie większego znaczenia.

Mieliśmy wracać już do Warszawy, ale jeszcze na chwilę wstąpiliśmy do naszego mazurskiego domu. Siedząc tam przy kuchennym stole, czytałam w „Gazecie Wyborczej" wspomnienia o zmarłym 24 kwietnia Tadeuszu Różewiczu. Szczególnie zapadł mi w serce jego wiersz bez tytułu zadedykowany „Pamięci Konstantego Puzyny". Prosty, lakoniczny i przez to jeszcze bardziej bolesny.

Czas na mnie
czas nagli

co ze sobą zabrać
na tamten brzeg

nic

więc to już
wszystko
mamo

tak synku
to już wszystko

a więc to tylko tyle

tylko tyle

więc to jest całe życie

tak całe życie[61]

[61] Tadeusz Różewicz, *** *(Czas na mnie)* [w:] *Płaskorzeźba*, Wydawnictwo Dolnośląskie, Wrocław 1991.

TO JUŻ

Kiedy wróciliśmy z długiego weekendu, cały czas miałam z ojcem kontakt i planowałam pojechać do niego w niedzielę, tradycyjnie, żeby zawieźć mu rosół i sernik. W sobotę zadzwoniłam jak zwykle około dwudziestej. W czasie rozmowy czułam pewien dyskomfort, bo wydał mi się mało komunikatywny. Ale miałam wrażenie, że jest u niego w pokoju ktoś z personelu medycznego. Powiedziałam więc tylko:

– Tato, nie będziemy długo rozmawiać, bo jutro przyjadę, to wtedy pogadamy.

No i nie pogadaliśmy...

Kiedy następnego dnia przyjechałam z obiadem, jeden z chłopców z ochrony powiedział mi, że nie jest dobrze. Weszłam do pokoju, ojciec wyglądał tak jak zwykle, natomiast miał ogromne kłopoty z mówieniem. A jednocześnie widziałam, że próbuje mi dużo rzeczy powiedzieć, coś wytłumaczyć. Wskazywał na swoją czarną teczkę, która leżała obok łóżka. Tę, która towarzyszyła mu już od niepamiętnych lat w pracy, w domu, na wakacjach i w szpitalu. Zawsze starał się mieć ją pod ręką. Zbierał tam dla mnie wycinki z gazet, miał ważne dokumenty i rzeczy osobiste, jak choćby okulary… Zbierał dla mnie w teczce różne artykuły, które wywoływały moją irytację, bo uważałam, iż ojciec stara się wzbudzić we mnie stan jakiejś nadmiernej ostrożności. Na przykład w sprawie inwazji kleszczy, niebezpiecznego zapalenie mózgu, ADHD u dzieci, bąblowców na jagodach w lesie czy śliskich dróg... Teraz wiem, i wydaje mi się to szczególnie bolesne, że bardzo się o mnie troszczył i dbał o moje zdrowie. W teczce chował również teksty, które uważał za wartościowe, bo mogły mi pomóc w sprawach zawodowych.

Spytałam, czy chce, żebym coś wyjęła z tej teczki. Ale dał do zrozumienia, że nie. Poprosiłam, aby przyszedł neurolog. Wydawało mi się, że ta afazja jest wynikiem jakiegoś neurologicznego zdarzenia, wylewu czy udaru. Niedługo potem przyszła młoda lekarka. Ojciec wszystko rozumiał, podczas badania wykonywał wszystkie jej polecenia. Potem pani doktor zaordynowała kolejne badania. Potwierdziła się diagnoza udaru i ojciec został przeniesiony na oddział neurologii.

Następnego dnia przyjechałam już z samego rana. Próbował jeszcze coś mówić, ale afazja się pogłębiła. Zareagował jeszcze na widok profesora Cezarego Szczylika, do którego próbował się uśmiechnąć. Profesor przyszedł ojca odwiedzić, bo dostał sygnał od kolegów ze szpitala, że nastąpiło znaczne pogorszenie. Profesor spytał:

– Jak się pan czuje, panie generale?

Ojciec spróbował odpowiedzieć coś miłego i kurtuazyjnego, jak to miał w zwyczaju. Ale było to niezrozumiałe. Chociaż ja, dobrze go znając, domyśliłam się, co chciał powiedzieć.

Tego samego dnia został przewieziony na oddział intensywnej terapii. Rozmawiałam z ordynatorem i z innymi lekarzami. Stwierdzili, że stan jest już bardzo poważny, i dali do zrozumienia, iż są małe szanse na poprawę. I tak minęły dwa tygodnie. Codziennie ojca odwiedzałam. Nie mógł mówić, przestał już jeść i chyba nie miał świadomości, co się z nim dzieje, przynajmniej mam taką nadzieję. Bo leżał z zamkniętymi oczami i nie reagował, gdy do niego mówiłam. Choć zdarzały się momenty jak ten, gdy odwiedził go Aleksander Kwaśniewski. Wyglądało na to, że ojciec go rozpoznał. Więc odnosiłam wrażenie, że przez pierwsze dni jeszcze bywał przytomny.

Zamknęliśmy się potem z prezydentem Kwaśniewskim w jednym z pokojów, by porozmawiać. Chociaż może bardziej znacząco milczeliśmy... Codzienny kontakt z lekarzami był dla mnie dużym wsparciem. Dziękuję! Tym bardziej że cały czas wydzwaniali do mnie dziennikarze z tabloidów i jeździli za mną paparazzi. Ponieważ niechętnie z nimi rozmawiałam, sami uśmiercili ojca. Jeszcze kilka dni przed jego prawdziwym odejściem. W środę 21 maja podali wiadomość, że generał Jaruzelski zmarł.

Tego dnia miałam spotkanie z czytelnikami w Klubie Księgarza na Starym Rynku; była to promocja mojej książki, wieczór prowadził Jerzy Kisielewski. Poszłam, bo wiedziałam, że ojciec by nie chciał, abym rezygnowała ze swoich zobowiązań. Sam przecież zawsze był obowiązkowy. Jednocześnie pomagało mi to, że mogłam przebywać wśród życzliwych mi ludzi. Wiele osób na moje ręce składało życzenie zdrowia dla ojca. Na koniec Jan Rodzeń, kierownik Klubu Księgarza, zaproponował symboliczny kieliszek wina za zdrowie generała. Wzięłam ten kieliszek, zwróciłam się do fotoreporterów i ironicznie powiedziałam, że chcę wypić za zdrowie ojca, ale wiem, iż następnego dnia gazety podadzą newsa: Jaruzelska bawi się i pije w tym czasie, kiedy ojciec umiera... Chyba sama podrzuciłam to dziennikarzom, bo oczywiście taki materiał się ukazał.

W czwartek i w piątek stan ojca wciąż był ciężki, ale się nie pogarszał. Przez te dwa dni siedziałam u niego po kilka godzin.

W sobotę rano miałam podpisywać *Rodzinę* na Targach Książki. A do ojca pojechać po południu. Na Targach ludzie podchodzili, dodawali otuchy, składali życzenia zdrowia dla generała. Wszystkim za to bardzo dziękuję! Niektórzy byli na tyle wzruszeni, że sami płakali, a ja ich pocieszałam. Gucio poprzedniego dnia wrócił po tygodniowym pobycie na zielonej szkole. Był bardzo stęskniony, dlatego postanowiliśmy, że po Targach zjemy razem obiad. Dołączyć do nas miał też Marek Kącki, który zajrzał na Targi. Umówiliśmy się w restauracji. Przyjechali również kolega Gucia – Janek z mamą, i Fedek. Zaplanowałam, że po piętnastej ruszę do szpitala. Ale w chwili gdy dopiero co złożyłam zamówienie, dostałam ze szpitala telefon – stan się pogorszył... Przerwałam obiad i natychmiast pojechałam na Szaserów.

Siedziałam tam do późnej nocy cały czas przy łóżku, wychodząc tylko na papierosa. Musiałam chować się po zaułkach, bo natychmiast miałam asystę paparazzich. Stan ojca był na tyle zły, że zastanawiałam się, czy nie zostać na noc. Ale pojechałam w końcu późną nocą do domu, aby przespać się choć kilka godzin. Leżąc w łóżku, z wiadomych przyczyn komórkę cały czas trzymałam w ręku.

Wcześnie rano wróciłam do szpitala. Ojciec oddychał z coraz większym trudem, był nieprzytomny. Ale miałam nadzieję, że może czasem mnie słyszy, więc opowiadałam mu o tym, co Gucio robił na zielonej szkole. Zawsze tak lubił słuchać o swoim jedynym wnuku. W przerwach czytałam weekendową prasę. Przed piętnastą pomyślałam, że wyjdę na chwilę do bufetu kupić coś do jedzenia. Tego dnia nie jadłam nawet śniadania. Chciałam jednak doczytać artykuł do końca. W pewnym momencie odezwał się alarm aparatu, do którego ojciec był podłączony. Zorientowałam się, że spada ilość tlenu we krwi. Zaraz ktoś przybiegł z personelu pielęgniarskiego, potem lekarz. W ciągu tego tygodnia ze dwa razy się zdarzało, iż ten alarm się włączał. Ktoś przychodził, regulował aparaturę i wszystko wracało do normy. Tym razem nie... W tej chwili byłam w szoku, nie docierało do mnie, że to już ten moment. Lekarz, którego po raz pierwszy wtedy widziałam na dyżurze, popatrzył mi w oczy. Przez dłuższą chwilę stał ze stetoskopem i skinął głową na moje pytające spojrzenie.

a więc to tylko tyle

tylko tyle

więc to jest całe życie

tak całe życie[62]

---

62 Tadeusz Różewicz, *** *(Czas na mnie)* [w:] *Płaskorzeźba*, Wydawnictwo Dolnośląskie, Wrocław 1991.

PODMIOTY I PRZEDMIOTY

Poprosiłam lekarza, żeby mi wytłumaczył od strony medycznej, co się dokładnie stało. Patrzył na mnie z empatią i powiedział:

– Nie chciałbym, żeby to zabrzmiało zbyt sucho...

Ale ja, choć to wszystko wiedziałam, to żeby się nie zdekompensować, właśnie miałam potrzebę usłyszenia twardych danych medycznych.

Układ krążenia... saturacja... układ oddechowy... zgon.

Zostałam powiadomiona, że powinnam jak najszybciej opuścić szpital. Bo jak wiadomość się rozejdzie, to liczba czekających przed szpitalem reporterów i paparazzich się zwiększy. Ojciec zmarł o piętnastej dwadzieścia. Koło szesnastej już wyszłam ze szpitala. Któryś z fotoreporterów zrobił mi zdjęcie i zaraz gdzieś się ukazał hot news: „TYLKO U NAS! Pierwsze słowa Jaruzelskiej po śmierci ojca: »Nie będę z wami rozmawiać«".

Wiem, że śmierć to nie jest misterium. To zdarzenie biologiczne. Ale nie wolno ujawniać szczegółów tego procesu, chociaż czeka on każdego z nas.

Mimo że człowiek po śmierci staje się ciałem – wciąż jest człowiekiem.

Zadzwoniłam do Fedka. Starał się znaleźć jakieś słowa otuchy, ale ucięłam rozmowę. Wiedziałam, że to nie czas na rozklejanie się. To czas na działanie.

Pojechałam do mamy. Oczywiście jechał za mną jakiś samochód. Jednak większość paparazzich została w szpitalu – żeby polować na ciało mojego ojca.

Mama siedziała na tarasie, w szlafroku, z psem u nogi. Siadłam koło niej i powiedziałam:

– Mamo, o piętnastej dwadzieścia tata odszedł.

Mama, która nie dosłyszy, a pewno i dosłyszeć tego nie chciała, zapytała:

– Kto?

– Tata umarł...

Zamyśliła się głęboko. Siedziałyśmy tak w milczeniu przez kilka minut, ignorując nawet wdzięczącą się do nas Lulę.

Musiałam wyłączyć telefon, bo cały czas dzwonili dziennikarze. Przed domem już pojawili się kolejni. Nawet z poważnej stacji telewizyjnej dzwonili do furtki z pytaniem, czy mogą wejść i przeprowadzić krótki wywiad.

– Nie, przepraszam bardzo, ale w tej chwili nie będziemy rozmawiać.

Oddałam mamie zegarek ojca, którego już od kilku miesięcy nie zakładał. Wcześniej nigdy się z nim nie rozstawał. Jako osoba kompulsywnie punktualna miał idealnie nastawiony i zawsze wiedział, która jest godzina. Ale ostatnio ręce ojcu tak wyszczuplały, iż zegarek spadał.

Ojciec miał rozrusznik serca, który dostałam potem z krematorium. Ten rozrusznik jest u mnie cały czas w domu, leży zawinięty na półce obok książek Żeromskiego. I pewnie będzie tak leżał do końca, bo nie wiem, co można zrobić z rozrusznikiem serca, które mnie kochało.

Czarna teczka też jest u mnie i też wciąż leży na starym fotelu ojca, który od niego dostałam, gdy wyprowadzałam się od rodziców trzydzieści lat temu. Były momenty, kiedy przechodziłam koło fotela i czule teczkę dotykałam, jakbym dotykała ręki ojca. Ale nie miałam odwagi do niej zajrzeć.

Teczka, rozrusznik serca, zegarek, świeżo wyprane i wyprasowane piżamy, które miałam następnego dnia zawieźć do szpitala. Był podmiot, zostały przedmioty...

RYTUAŁ

Słowo klucz „herbatka". Otwierało na nowo każdą zamkniętą przedwcześnie rozmowę. Rodzinną przestrzeń. Rytuał nawet w upalne popołudnia w Omulewie. Po pływaniu herbatka. Po obiedzie herbatka. Na przywitanie i na pożegnanie... Słowo rozświetlające jak domowa lampka zapalona w szarej godzinie zmierzchu.

Jadę do mamy, zawieźć jej ulubione kotlety ze szczupaka. Pani Monika, jej opiekunka, proponuje herbatę. Nigdy nie odmawiam. Pijemy ze szklanki z cienkiego szkła, z uszkiem. Niezbyt elegancko, ale chyba tak mi najbardziej smakuje. Mama zamyśla się. Patrzy na mnie.

– Co, mamo?

– Tak sobie przypomniałam, jak wróciliśmy z Wojtkiem z jakiegoś przyjęcia. Wcześniej się posprzeczaliśmy. (Wiesz, jak ja nienawidziłam tych wszystkich przyjęć). No w każdym razie było już późno w nocy. Ja pierwsza wpadłam do domu, wypuściłam psy. A ojciec za mną i mówi: „Basiu, to zrób jeszcze herbaty. Napijemy się wspólnie herbatki przed snem". Herbata była takim trunkiem łagodzącym te wszystkie zadarcia...

No rzeczywiście. To był w naszej rodzinie rytuał. Czy to w domu, czy jak gdzieś wyjeżdżaliśmy. Ojciec chociaż na ogół nie zdrabniał słów, najczęściej mówił „herbatka". Tak jakby tym słowem chciał wyrazić jakąś czułość.

Z rozkoszy tego świata
ilości niepomiernej
zostanie nam po latach
herbaty szklanka wiernej
i nieraz się w piernatach
pomyśli w porze nocnej
ha, trudno, lecz herbata,
herbaty szklanka mocnej

Dopóki Ciebie, Ciebie nam pić
Póty jak w niebie, jak w niebie nam żyć
Herbatko, Herbatko, Herbatko[63]

[63] *Herbatka*, Kabaret Starszych Panów, słowa Jeremi Przybora, muzyka Jerzy Wasowski.

6 lutego 2015 r.

W CIENIU DOBREGO DRZEWA

Równo za trzy miesiące premiera książki. Już za trzy miesiące! A tyle jeszcze pracy. Męczę się i dręczę, bo nastrój mam liryczny i głównie chce mi się czytać i roztkliwiać nad poezją polską, która teraz po latach wraca do mnie ze zdwojoną siłą. Ciągle mam z tyłu głowy słowa Iwaszkiewicza, Leśmiana, Grochowiaka... Czytam, co napisałam do tej pory. Trzeba to będzie trochę rozjaśnić. Książka wyjdzie w maju, buchnie wiosna, a ja wciąż o śmierci i zamrażaniu.

Odwożę Gucia do szkoły i wracam z silnym zamiarem napisania kilku pogodnych stron. Już się cieszę na pewien pomysł, mocną herbatę i widok gałęzi pięknego orzecha naprzeciwko mojego biurka. Dzięki temu drzewu przenoszę się w czasie. W dzieciństwie, w mieszkaniu na starej Ochocie też przez okna mojego pokoju cieszyłam oczy wielkim orzechem. Od trzech lat czas w swoim domu spędzam głównie na czytaniu, oglądaniu czegoś w internecie lub pisaniu przy biurku. Kiedy unoszę wzrok, widzę drzewo. Ma niewielką dziuplę, tak że tworzy się z niej wygodny wodopój, do którego przylatują sikorki i jemiołuszki. Kilka razy widziałam nawet dzięcioła. Po gałęziach, szczególnie jesienią, gdy są orzechy, biega para wiewiórek. Wchodzą prawie na parapet, co wywołuje wielką ekscytację moich kotów.

Właściwie to z powodu drzewa kupiłam tutaj mieszkanie. Nie planowałam aż tak dużego wydatku, jednak gdy zobaczyłam w oknie pierwszego pokoju gałęzie przykryte świeżym grudniowym śniegiem, wiedziałam, że chcę tu żyć. By móc codziennie patrzeć na orzech – raz zielony, raz żółty, raz biały, a czasem goły.

Wracam do domu, wchodzę i już słyszę ten nienawistny dźwięk. Wybiegam na balkon, no i oczywiście... masakra piłą mechaniczną. Mój biedny orzech sterczy kalekimi kikutami ogołocony z gałęzi, korony i godności. Zasłaniam zasłony, żeby nie upokarzać go jeszcze bardziej. Może gdybym wróciła wcześniej do domu, to zdążyłabym. Co? Powiedzieć, że okaleczają drzewo? Że psują mi widok z okna? Pozbawiają wiewiórek pożywienia? Wiem, że ekologów mało kto lubi, ale ja też jestem z tych, co by się przykuwali do drzew. Choć to nierówna walka, czasem się udaje.

Nie przepadam za kwiatami. Są wyperfumowane, kolorowo wystrojone, jakby narcystyczne. No i nietrwałe. Cała ich uroda wynika z przebiegłości natury, bo chcą zwabić owada, żeby je zapłodnił. Schną lub więdną w nierównej walce z czasem podobnie jak kobiety. Co innego drzewa – mogą żyć dłużej od nas, z wiekiem coraz piękniejsze. Patrzą na przemijające pokolenia, są milczącymi, dyskretnymi świadkami wielkich tragedii, gdy pomagają samobójcy lub wysłuchują miłosnych uniesień wyszeptanych przez kochanków w ich cieniu. I stoją, rosną, trwają. Odmierzają czas zmianami pór roku, gdy my zabiegani już tego nie zauważamy. Drzewa silne i wzniosłe – i tak bardzo bezbronne wobec człowieka. Boli mnie każde wycięte drzewo. Każda szczerba w lesie. Nie przekona najprzystojniejszy model w reklamie sprzętu dla drwali Husqvarny.

Tobie też, Marku Kącki, nigdy nie wybaczę tej starej lipy, co ją w zeszłym roku wyciąłeś na Mazurach. Dobrze Ci tak, że musiałeś ją rąbać potem przez tydzień na kawałeczki, aż Cię w krzyżu łupało.

Nie było nas, był las... Nie będzie nas i lasu też nie będzie.

14 lutego 2015 r.

WALENTYNKI

Zaciągnięte zasłony, szary dres, góralskie wełniane skarpety. Chociaż środek dnia, w pokoju kojąca ciemność. A na ekranie telewizora *Stawka większa niż życie*. Od rana przerzucałam kanały, ale wszędzie kiczowato-ckliwy walentynkowy repertuar. Landrynkowe komedie romantyczne produkcji amerykańskiej. I nagle jest, na Stopklatce twarz Ignacego Gogolewskiego jako kapitana Willy'ego Rupperta w odcinku *Ostatnia szansa*... Za chwilę pojawi się sam Kloss. Po raz pierwszy oglądam film po jego śmierci. To niemożliwe, niewiarygodne, że Stanisław Mikulski nie żyje. Spiżowi bohaterowie naszego dzieciństwa wydają się nieśmiertelni. Gdzieś schowałam sylwestrową „Gazetę Wyborczą", gdzie Krzysztof Varga pisał na temat Klossa... Zaraz, muszę poszukać... Jest! Znalazłam wśród sterty gazet na fotelu. Tytuł: *Dzieci kapitana Klossa*.

„Być Polakiem i nie znać Hansa Klossa to rzecz niepodobna. Śmierć Stanisława Mikulskiego, który stworzył, kto wie, czy nie najsłynniejszą i najbardziej kultową postać w naszej telewizji i szerzej – w polskiej popkulturze – była zupełnym zaskoczeniem, bo wydawało się przecież, że to niemożliwe, by ktoś taki jak Kloss mógł umrzeć (...) gdy oglądamy po raz kolejny *Stawkę większą niż życie*, to z prawdziwym podziwem i szacunkiem dla maestrii twórców. Wszystko w tym serialu było przednie: intryga, napięcie, scenografia, mundury, muzyka, obsada wreszcie – Mikulski jako agent sowieckiego wywiadu Stanisław Kolicki ukrywający się pod przybranym nazwiskiem Kloss oraz naturalnie Emil Karewicz jako cyniczny, ale i dowcipny, a nawet – o zgrozo! – budzący sympatię hitlerowiec Brunner.

Jak wielki był wpływ *Stawki większej niż życie* na życie całych pokoleń, świadczą nawiązania w popkulturze, na przykład założenie w głębokich latach 80. przez Olafa Deriglasoffa trójmiejskiego zespołu Dzieci Kapitana Klossa. Trudno o bardziej adekwatną nazwę: wszyscy z pokolenia urodzonego w latach 60. jesteśmy przecież dziećmi kapitana Klossa, a więc poniekąd dziećmi Mikulskiego. Dzieci kapitana Klossa nagrały słynną *Pieśń o bohaterze*, gdzie padała jednak nieprawdziwa fraza: »Nie pali papierosów i wódki nie pije«. Owszem, Kloss palił namiętnie i pijał chętnie, ale jak on palił i jak on pił! Z najwyższą maestrią i niepodrabialną elegancją. No i z jaką gracją w każdym odcinku uwodził piękne kobiety, agentki obcych wywiadów, nazistki, niewinne dziewczęta itd."[64].

Pod wieczór wygrzebuję się z przytulnego barłogu. Idę kupić pieczywo i mleko dla Gucia. Po drodze mijam kawiarnię, wszędzie serduszka i świe-

---

[64] Krzysztof Varga w *2014. O tym będziemy pamiętać*, „Gazeta Wyborcza" z 31 grudnia 2014 – 1 stycznia 2015.

ce. Przy oknie siedzi wymalowana, odświętna dziewczyna. Wystukuje coś na klawiaturze telefonu, skupiona i zawiedziona. Nie przyszedł? Spóźnia się? Jak to dobrze, że takie problemy już za mną.

– Pocałuj mnie, Hans, bo może już nigdy nie będę miała na to ochoty...[65].

[65] Major Hanna Bösel do Hansa Klossa.

15 lutego 2015 r.

ŻAŁOŚNI PIĘĆDZIESIĘCIOLETNI

„Prawdziwe życie zaczyna się po pięćdziesiątce, ale kończy po czterdziestce" – pisał Michel Houellebecq, który w zeszłym roku zagrał w filmie *Near Death Experience*. Wcielił się w rolę Paula, pracownika infolinii France Telecom, próbującego popełnić samobójstwo.

„Skończyłem 56 lat i jestem przestarzały – mówi jego bohater. – Miałem siedem lat, gdy mój dziadek był w tym wieku. Wtedy mogłeś być po prostu stary, być dziadkiem. Po cichu czekałeś na emeryturę. Nikt nie spodziewał się, że będziesz osiągał kolejne cele. Nikt nie oczekiwał, że będziesz świetnie wyglądał, modnie się ubierał, że zachowasz krzepę i ochotę na seks, że będziesz uprawiał sport, jadł zdrowo, kochał swoją żonę tak mocno jak w dniu, gdy ją poznałeś; przyjaźnił się z dziećmi. Nikt nie oczekiwał, że będziesz kreatywny, zabawny, że będziesz miał pasje. Miałeś szczęście, dziadku, mogłeś być po prostu staruszkiem. Spójrz na mnie: ja w twoim wieku jestem po prostu żałosny"[66].

Starzejemy się, lecz nie pozwalają nam odpocząć, trzeba udawać młodość i emfazę. Dlaczego mam się podźwignąć i znowu pędzić, jeśli już tylko chcę spokoju? Dlaczego mam zagłuszyć myśli nagłym działaniem, kiedy dopiero co zaczynam wszystko rozumieć? Przygnębia mnie kobiecy szczebiot o dietach, glutenie, oczyszczaniu organizmu. Nie będę biegać, bo dopiero co się zatrzymałam. Nie chcę się ścigać, przed nikim uciekać ani już gonić za niczym. Wycofałam witalność z zewnętrznego świata i przekierowałam do wewnątrz. I wbrew pozorom nie jest mi z tym najgorzej. O czym marzę? Jeśli w ogóle, to o redukcji bodźców. Jest to stan przejściowy i sama ciekawa jestem, do czego prowadzi...

[66] Małgorzata Sadowska, *Depresja w kinie*, „Newsweek" z 19 września 2014.

KUGUAR, CZYLI KWESTIA ROZKOSZY

Już szumią kasztany i pachnie już wiosną
Pamiętaj kochany by jakąś radosną
By jakąś radosną na wiosnę mieć minę
I wiosnę przywitać jak ładną dziewczynę[67]...

O czym chcemy poczytać w maju? O miłości, pożądaniu, erotyzmie. Bez tego ani rusz, kiedy świeżo wydepilowane i muśnięte pierwszym słońcem siadamy do lektury. Zobaczmy, co w naszym Human Planet... Wiemy o dojrzałych i drapieżnych samicach z dżungli wielkiego świata.

Bolesław Prus apelował: „Pozwólmy ludziom być szczęśliwymi według ich własnego uznania". O tak, pozwólmy. Pytanie tylko, czy naprawdę są szczęśliwi, czy raczej rozpaczliwie poszukują szczęścia, wmawiając sobie, że je znaleźli albo że znają na nie receptę. Po czym urządzają sobie piekło. Stanisław Wokulski ożenił się z dużo starszą Małgorzatą

[67] *Już szumią kasztany*, słowa Andrzej Woyciechowski, muzyka Krzysztof Knittel.

Minclową, wdową po zamożnym kupcu. Przez cztery lata ich małżeństwa Małgorzata eksperymentowała ze specyfikami na poprawienie urody. W efekcie czego umarła, a Stach został właścicielem sklepu i majątku w wysokości trzydziestu tysięcy rubli.

Wikipedia donosi:

„Kuguar (lub *puma, kocica,* z ang. *cougar*) – dawniej potoczne określenie kobiety w średnim wieku, która umawia się z młodszymi mężczyznami. Obecnie określenie to oznacza również kobietę atrakcyjną, która ma udane życie seksualne, zawodowe i jest niezależna finansowo.

Kobiety umawiające się z młodszymi mężczyznami, które w »drapieżny« sposób próbują zaspokoić swój apetyt seksualny, »polując« na dużo młodszych od siebie partnerów. Takie określenia wpłynęły na nazywanie takich kobiet kuguarami".

Kiedy Édith Piaf w 1962 roku wychodziła za mąż za Théa Sarapo młodszego od niej o dwadzieścia jeden lat, nikt jeszcze nie znał tego określenia. Zresztą ich związek rzeczywiście był inny. „Wiedzieli, że nie są ze sobą przez przypadek – napisała we wspomnieniach siostra Théa – ale dzięki jakiejś sile wyższej. I każde z nich przeczuwało, że nie będzie to trwało długo. I dlatego właśnie jak każda zakochana para marzyli tylko o tym, by być razem i cieszyć się sobą, żyć z dnia na dzień, nie myśląc o przyszłości"[68]. Trudno dziś ocenić, na ile te wrażenia siostry były

[68] Christie Laume, *Ostatnia miłość. Édith Piaf*, przeł. Larysa Michalska-Guidon, Marginesy, Warszawa 2014.

prawdziwe. Ale faktem jest, że Théo nie opuścił Édith aż do śmierci. A że była bezdzietna, to cały majątek...

Inaczej potoczyły się losy kolejnych słynnych par.

Madonna od dawna znana jest ze słabości do dużo młodszych mężczyzn. Jakiś czas temu jej partnerem był brazylijski model Jesus Luz, młodszy o dwadzieścia dziewięć lat. To on zerwał tę znajomość, jako powód podając zbyt dużą różnicę wieku, liczne obowiązki zawodowe oraz brak wspólnych zainteresowań... Internauci komentowali:

~ Monika: Dzięki niej jest teraz rozpoznawalny, więc nie jest mu już potrzebna.

~ Jan: Jesus ją rzucił, więc Bóg z nią.

Po modelu Luzie u boku Madonny pojawił się tancerz Brahim Zaibat, tylko starszy o rok od poprzednika. Podobno tak mocno chciał robić karierę, że w końcu doszło do rozstania. Bo Madonna nie zgadzała się na jego udział we francuskim *Tańcu z gwiazdami*. Internauci skomentowali:

~ Zołza: Żenująca jest ta stara pudernica. A może jednak to ten młody miał dosyć starej baby?

~ Gość12: Faceci nie są zainteresowani kobietami w jej wieku, tylko kasą i karierą.

~ Gość13: Faceci w ogóle nie są zainteresowani ŻADNYMI kobietami na dłużej, dziecino, to tylko kwestia czasu, jak i Twój puści Cię w trąbę.

W 2014 roku pięćdziesięciosześcieletnia Madonna związała się z kolejnym tancerzem, Timorem Steffensem, lat dwadzieścia sześć. Internauci komentują:

~ *Femka:* *Faceci mówią, że to kobiety lecą na sławę i kasę, a sami jak poczują możliwość lansu i zdobycia łatwych pieniędzy, sprzedają się jak tirówki.*

~ *Arnold67:* *Jeszcze raz powtórzę moją opinię o Madonnie i jej wybrankach – to jest przedmiotowe wykorzystywanie człowieka i promocja prostytucji.*

Z kolei słynna aktorka hollywoodzka Susan Sarandon po dwudziestu trzech latach bycia w związku rozstała się z Timem Robbinsem i znalazła nowego partnera. Jest nim Jonathan Bricklin, młodszy od niej o trzydzieści jeden lat nowojorski biznesmen. Oboje sprawiają wrażenie szczęśliwych. A internauci komentują.

~ *Olo:* *Jezu, to już trzeba być zdesperowanym, żeby pójść do łóżka z ryczącą topielicą celulitową 40+, a z 67-latką to już nekrofilia.*

~ *Irena29:* *A dlaczego to panowie mają mieć młode dziewczyny. Kobiety są niezależne i mają takie same prawo jak panowie.*

~ *H2o:* *To się nazywa antykwariat – ona antyk, on wariat...*

Uwaga! Wiadomość z ostatniej chwili: Susan i Jonathan już nie są razem!

Długo na językach wszystkich był związek Demi Moore z o szesnaście lat młodszym od niej Ashtonem Kutcherem. Po ośmiu latach małżeństwa wzięli rozwód. To on jako pierwszy złożył pozew, twierdząc, że dzielą ich już różnice nie do pogodzenia. Pogodzić się natomiast musieli co do majątku, z tym że on w tej chwili zarabia dużo więcej niż ona i raczej sytuacja się już nie zmieni. On jest wciąż wschodzącą gwiazdą, ona zachodzącą. Łącznie mieli do podziału trzysta milionów dolarów. Jednak Kutcherowi udało się zachować swoje dochody tylko dla siebie. Po tak niekorzystnym wyroku sądu Demi postanowiła wyjechać do Indii, aby tam ukoić nerwy. Tymczasem Ashton związał się z młodszą od siebie Milą Kunis. Internauci komentują.

~ *Asia:* *Ta Demi to stary kaszalot po botoksie, powaliło staruchę na starość.*

~ *Zuza:* *Wali im na łeb jak mojemu Jankowi. Tylko zdrady i panienki. Dobrze, że kopa dałam po 33 latach (choć to boli). Alc żyć trzcba dalcj.*

Każda z wyżej wymienionych kocic jest inna i każdą kicrujc inna żądza polowania. Demi Moore angażowała się w Kutchera podobnie jak Melanie Griffith w Antonia Banderasa. Robiły młodym samcom awantury z zazdrości, a sobie kolejne operacje plastyczne. Obie przegrały i przypłaciły to załamaniem nerwowym, alkoholem i dramatyczną próbą znalezienia sobie nowej ofiary/kata. Madonna niczym podstarzały playboy każdym kolejnym partnerem stara się udowodnić swoją witalność. Jest królową, mimo wieku. Intensywnie ćwiczy ciało, wmawiając światu, że wyrabiane na siłowni mięśnie to zachowana od lat figura dziewczyny. Jako królowa od kolejnych kochanków oczekuje służby w roli pazia. A kiedy paź zaczyna się buntować, zostaje przez królową zwolniony.

Oczywiście kuguar to w miarę nowe zjawisko, choć opowiedziana przez Prusa historia Wokulskiego, który dzięki ożenkowi z Minclową mógł zrobić karierę, świadczy, że niekoniecznie.

Uwaga! Kolejny fragment zawiera treści tendencyjne, noszące znamiona ageizmu i żeńskiego szowinizmu oraz lokowanie produktu.

Związki dużo starszych mężczyzn z młodymi kobietami są już zjawiskiem powszechnie znanym. I uznanym. A przecież tacy mężczyźni bywają równie żałośni. Farbują włosy, ubierają się niczym nastolatki. Bywają w klubach, gdzie śmiesznie podrygują w tłumie młodzieży. Pamiętam, że gdy jako dziewczyna chodziłam z koleżankami na dyskoteki, podpuszczałyśmy i drwiłyśmy z podrywających nas „starszych panów koło czterdziestki". Wtedy nie było środków na potencję. Dzisiaj zażywają viagrę lub inną niebieską tabletkę, narażając się tym na zawał serca. Skądinąd to piękna śmierć... Często jednak pod koniec życia, gdy potrzebują, by ktoś zaparzył im ziółka, marzą o starej żonie, bo młoda ma już innego i procesuje się o pieniądze. Tak się dzieje w filmie Woody'ego Allena *Poznasz przystojnego bruneta*. Grany przez Anthony'ego Hopkinsa Alfie porzuca żonę, bo nagle sobie uświadamia, że oboje są starzy. Uciekając przed własną starością, wskakuje w gorący związek z półdebilką Charmaine („pół" to komplement), która ma młode, boskie ciało. Dla niej Alfie wbija się w dres, poci na siłowni, kupuje drogi apartament. Aby zdradzony, zmęczony i zbankrutowany skończyć w objęciach starej żony. Ciekawe, jak skończy Woody Allen?

Młodość dzisiaj to towar wymienny – na władzę, pieniądze lub sławę. Nie mam nic przeciwko dużej różnicy wieku partnerów, niezależnie od płci. Lepiej jednak, gdyby ludzie byli ze sobą pomimo różnicy wieku, a nie z jej powodu. Pamiętam słowa pewnej znajomej, wtedy po czterdziestce, która właśnie rozstała się z mężem po wieloletnim związku. Chciała na nowo rzucić się w wir erotyczno-emocjonalnego życia, ale z sarkazmem stwierdziła:

– Starszego się brzydzę, młodszego się wstydzę.

Brytyjska projektantka mody Vivienne Westwood (lat siedemdziesiąt trzy) i Andreas Kronthaler (lat czterdzieści osiem), również projektant mody – są już niemal pół wieku w związku. Mam przeczucie, że to białe małżeństwo stworzone dla medialnych i zawodowych potrzeb, choć oparte na prawdziwej przyjaźni. Vivienne zawsze wyglądała jak staruszka, i chyba nic tego nie zmieni. Nie wybiela nawet zębów, które są prawie tak pomarańczowe jak jej włosy. Pozazdrościć samopoczucia. Nie poddała się terrorowi wiecznej młodości i idealnego wyglądu. Co się dziwić – to kobieta, która nie założyła majtek, idąc do królowej Elżbiety II, aby odebrać Order Imperium Brytyjskiego.

Dzisiaj niejeden/niejedna sprzedałby/sprzedałaby duszę diabłu jak Faust, który zrobił to w zamian za dwadzieścia cztery lata doświadczania przyjemności. Chyba rację ma w takim razie Wiesław Myśliwski, twierdząc, że to kwestia rozkoszy. W *Ostatnim rozdaniu* pisze: „Otóż wiedz, że jedna jest dla wszystkich droga – od dziewczynki czy chłopca do śmierci. Tej drogi się nie wybiera. Nie ma w niej drogowskazów. I jednego, czego wolno nam pragnąć, to miłości. Miłości nie tylko w słowach, uczuciach, także w rozkoszy. A rozkosz nie zna wieku. Nie patrzy, czy ciała są młode, czy już się marszczą, obwisają. Być może umierając, będziemy tęsknić nie do życia, lecz do rozkoszy. Nie życia będziemy żałować, lecz tego, co nas w nim ominęło"[69].

[69] Wiesław Myśliwski, *Ostatnie rozdanie*, Znak, Kraków 2013.

ROZMOWY NOCĄ *(19 LUTEGO 2015)*

– Mamo, ostatnio jesteś jakaś inna.

– To znaczy?

– Ciągle coś cię boli, mniej się uśmiechasz. Już nie jesteś taką optymistką jak kiedyś.

– Masz rację, synku. To trudny czas.

– Dla mnie też.

– Chcesz, żebym była taka jak dawniej?

– Tak. Żebyś była taka silna… Taka twarda kobieta.

– Kiedy taka byłam, czułeś się bezpieczniej?

– Tak.

– Postaram się… Nie wiem, jak szybko mi się to uda, ale obiecuję ci, że wrócę do ciebie, do siebie i będę taka jak dawniej.

21 lutego 2015 r.

ŻEGNAJ, SMUTKU

Baczność! Dałam sobie kilkumiesięczne „spocznij". Spotkałam się ze swoim smutkiem, zaprzyjaźniłam z melancholią, dotknęłam zbliżającej się starości. Ciągle czuję bliskość śmierci, gdy patrzę na czarną teczkę ojca...

Ale „trzeba z żywymi naprzód iść". Jestem sobie potrzebna i przede wszystkim muszę swoją siłą nakarmić syna. Dać mu oparcie wynikające z wiary, że mama sobie poradzi, jest twarda. Rzucam żałobę, tak jak rzuciłam palenie. Nagła decyzja, ale konieczna. Wdech. Naprzód marsz!

23 LUTEGO 2015

Wydawało mi się, że kos mignął za oknem. Choć jeszcze „Czarne wrony czarno kraczą / W czarnych barwach widzą świat”[70]. No ale, chciał nie chciał, wiosna się zbliża. Nie przepadam za tym przejściowym okresem. Czuję się jak brudna po zimie szyba okienna obnażona znienacka przez bezczelne słońce. Stara i przykurzona. Trzeba niestety wziąć się za siebie, nie da rady dłużej się ukrywać. Muszę opuścić bezpieczną gawrę cierpienia. Jechać do banku, zapłacić wszystkie zaległe faktury, odebrać z poczty awizo; to zawsze wywołuje we mnie paniczny lęk zupełnie niezrozumiałego strachu przed wszystkimi urzędami. Wolę już chyba wizytę u dentysty. No właśnie, to też by się przydało. Troszkę wybielić ząbki i w ogóle przebadać się solidnie. Poza tym trzeba... Oj, czuję, że już mi spada krzywa motywacyjna. Przecież dopiero co wychodzę ze swojej męczeńskiej nory. OK, to połknę chociaż witaminy i zrobię porządek na biurku.

---

[70] *Gramy w kolory*, słowa Wanda Chotomska, muzyka Teresa Niewiarowska. Przebój harcerskiego zespołu Gawęda z lat siedemdziesiątych.

Ale wcześniej herbatkę. No i znowu muszę się zgodzić z Reginą Brett.

„Co miałam zrobić ze swoim życiem. Przyszłość mnie przytłaczała. Aż pewnego dnia przyjaciółka (...) poradziła mi: po prostu zrób następny krok. (...) Z tym sobie poradzę.

Zwykle wiemy, jaki powinien być nasz następny krok. Ale jest on tak błahy, że umyka nam z pola widzenia. Skupieni na dalekiej przyszłości widzimy jedynie poważny i przerażający przełom zamiast prostego zadania. Dlatego czekamy i czekamy. Czekamy, jakby plan na życie miał rozwinąć się u naszych stóp niczym czerwony dywan"[71].

Chyba zaczynam rozumieć, dlaczego koleżanki, które przyjechały do Zakopanego, zaczytywały się w Reginie, zabierając ją na noc do swoich pokojów w pensjonacie. Ja przywiozłam te pozycje jedynie po to, żeby z nimi polemizować czy, szczerze mówiąc: trochę sobie z ich infantylnego przekazu podworować. A tu proszę bardzo...

To może powinnam zacząć swoje lekcje od dwóch przestróg.

Lekcja pierwsza: *Nie naśmiewaj się z książki, której nie przeczytasz uważnie w całości.*

Lekcja druga: *Nawet w najgłupszej lekturze możesz znaleźć coś inspirującego.*

Gorzej, jeśli chcemy żyć w zgodzie z mądrościami mistrzów klasyki. Zapominając, że każdy z nich był tylko człowiekiem. A co najważniejsze

---

[71] Regina Brett, *Bóg nigdy nie mruga. 50 lekcji na trudniejsze chwile w życiu*, przeł. Olga Siara, Insignis, Kraków 2012.

– miał swoje słabości i doświadczał rzeczywistości subiektywnie. Każdy z nich wyciągał z tego kompletnie różne życiowe konkluzje.

Albert Camus: „Świat bez miłości jest martwym światem".

Ulrich Schaffer: „Człowiek jest wolny, gdy nie uzależnia swojego życia od innych".

Wisława Szymborska: „Tyle o sobie wiemy, ile nas sprawdzono".

Oscar Wilde: „Wartość człowieka mierzy się wielkością jego przeciwników".

Antoni Czechow: „Jeśli boisz się samotności, nie żeń się".

A jakie byłyby moje złote myśli?

„Złość daje siłę, ale odbiera rozum". „Kto szuka wrogów, ten walczy. Kto szuka sprzymierzeńców, ten wygrywa". „Jakkolwiek zaczniesz i tak skończysz jak wszyscy"...

Oho, wraca czarny humorek. Lepiej skończyć pisanie.

BRZYDKIE WYRAZY *(2007 ROK)*

– Konie to skurwysyny! – stwierdził stanowczo trzyletni Gucio.

– Dlaczego? – spytała zadziwiona tą nagłą opinią opiekunka mojego syna, Jadzia.

– Bo mama tak powiedziała – odparł, powołując się na najwyższy autorytet i ucinając w ten sposób dyskusję.

Kiedy wróciłam z pracy do domu, niania powtórzyła mi ten krótki, lecz esencjonalny dialog. Siadłyśmy w kuchni przy herbacie i analizowałyśmy sytuację. Po chwili pojawił się koło nas Gucio.

– Synku, powiedziałeś, że konie to skurwysyny?

– Tak!

– Dlaczego?

– Bo ty tak mówiłaś.

– Ja?! Przecież kocham konie.

– Ale nie te, co nie chcą wstać...

Coś zaczyna mi świtać.

– Jadziu, ale kiedy Gucio ci to powiedział?

– Kiedy zaproponowałam, że napoimy wodą jego konia na biegunach.

I wszystko jasne! Kiedy Gucio był malutki, jeszcze nie mówił, nie krępowałam się przy nim używać czasem wulgaryzmów. W końcu ani tego nie rozumiał, ani tym bardziej nie mógł jeszcze powtórzyć. W związku z tym zdarzało mi się, że czasem rano budziłam go kawaleryjską przyśpiewką:

Pobudka, wstać
Koniom wody dać
Ja już trąbię pół godziny
A wy śpicie skurwysyny...

Ja też przypominam sobie, jak na wakacyjnych wyjazdach ojciec wchodził rano do mojego pokoju, najczęściej równo o ósmej trzydzieści, i gdy był w dobrym humorze, to śpiewał wersję pobudki z „tra ta ta ta...” w miejsce przekleństwa, podobnie jak Czereśniak w *Czterech pancernych*. Potem dodawał, żebym koniecznie się pośpieszyła, bo śniadanie punkt o dziewiątej, a nie wypada się spóźniać i trzymać niegrzecznie personelu.

– No i jeszcze posprzątaj, Moniczko, zanim pani sprzątaczka przyjdzie...

... no tak, o tym już pisałam w *Towarzyszce Panience*.

Dzisiaj Guciowi nie śpiewam, bo tego nie znosi. Potrafimy ganiać się po domu, kiedy nucę mu coś z repertuaru Mazowsza, modulując specyficznie głos i parafrazując tekst, na przykład piosenki *Kukułeczka kuka*.

Kiedyś zaprosiłam do swojego programu *Bez maski* profesora Jerzego Bralczyka. Rozmawialiśmy o tym, że poprawność polityczna może dewastować język, tworząc sztuczną nowomowę. W pewnym momencie zainicjowałam temat wulgaryzmów, którego profesor jednak nie podtrzymał, twierdząc, że z damą nie rozmawia się o takich rzeczach. Ja bardziej przychylam się do opinii Beaty Tyszkiewicz, która stwierdziła kiedyś, że „prawdziwa dama pije, pali i przeklina. I naturalnie ogląda się za mężczyznami".

Już nie palę, już nie piję, panowie też mi już nie w głowie (przynajmniej ostatnio), ale co do brzydkich słów... to myślę sobie, że są jak przyprawa do zupy. Bez nich język byłby zbyt mdły. Ale jeśli się przesoli, to można zupę całkiem spieprzyć.

Agresywne wulgaryzmy mogą ludzi od nas odsuwać. Lecz odpowiednio wypowiedziane mogą też służyć do skrócenia dystansu, a nawet przełamać lody czy wręcz zainicjować przyjaźń. Tak było w przypadku moim i Marka Kąckiego. Znaliśmy się już kilka miesięcy, lubiliśmy, jednak zachowywaliśmy wobec siebie pewną rezerwę. Do czasu, kiedy spotkaliśmy się w pokoju z synkiem znajomych, który przyszedł powiedzieć „dobranoc" ubrany we flanelową piżamkę w małe żółte kaczuszki. Jednocześnie z Markiem skomentowaliśmy pewną anatomiczną cechę owych kaczuszek w sposób tak obsceniczny, że go tu nie przytoczę. Ta wspólnota skojarzenia i niemożność powstrzymania się od żartu spowodowały natychmiastową falę wielkiej sympatii i porozumienia, która trwa do dzisiaj.

28 lutego/1 marca 2015 r.

DISCO POLO

Jesteś szalona, mówię ci... No nie, nie zasnę. Cholera, póki ta pieprzona piosenka nie przestanie mnie prześladować. Przewalam się ze złością z boku na bok, a w głowie ta „urocza melodyjka". Po co poszłam z Guciem na film *Disco polo*, który zresztą bardzo nam się podobał. Mam dziecięcą skłonność do kiczu i nie mogę się potem odczepić od powtarzanej w głowie frazy oraz prymitywnej muzyki. Na swój sposób nawet dość perwersyjnie lubię disco polo. Jest w nim pierwotna witalność, infantylna prostota uczuć, którą pamiętam z najmłodszych lat. Cienia depresji, sto procent ludyczności i hedonizmu.

Chyba robię się senna. Pod powiekami powoli przesuwają się morskie krajobrazy. Oddycham coraz głębiej, spokojniej, cisza... *Ja uwielbiam ją, ona tu jest i tańczy dla mnie...*

Pierdolę. Wstaję i... no właśnie, co zrobić z sobą, żeby za bardzo się nie rozbudzić? Może poczytać coś wartościowego, bardziej ambitnego? Tym się ukołyszę, to mi się od razu tańców odechce.

Wszystko jest bez sensu,
Wszystko pogmatwane
Jak te winorośle,

Gąszcze cmentarniane.

Wszystko, co się złączy,
Znowu się rozłączy,
Na kształt pogmatwanych
Na cmentarzach pnączy.

Wśród wielkiej miłości
Wszystko jest poczęte
I wszystko – bez sensu –
Lecz bardzo jest święte.
(...)
Bo sens nie w szarpaniu
Ani jest w radości,
Ale w cierpliwości
I wielkim czekaniu.

Niech cię więc nie zdziwią
Obłoki ni zorze,
Wszystko jest na chwilę
I wszystko jak morze.
(...)
Wnet pogasną liście –
Wszystko trwa tak krótko,
Ja się też przytulę
Do ziemi cichutko.[72]

I ja też się przytulę
do poduszki szybciutko.

---

[72] Jarosław Iwaszkiewicz, *Piosenka dla zmarłej* [w:] *Wiersze*, t. I, Czytelnik, Warszawa 1977.

7 marca 2015 r.

PAPIEROS… JEDEN

Zapaliłam. Tylko tyle i aż tyle. Tylko jednego, a jednak. Wracam do życia. Zaczyna znów mnie cieszyć – a zrobiłam coś, co skraca oddech, zabija, jest więc wbrew darwinowskiemu pojmowaniu natury. Choć nie natury człowieka. Ian Fleming napisał: „Palenie to jedno z najbardziej absurdalnych odmian ludzkich zachowań i praktycznie jedyne będące całkowicie przeciw naturze. Czy można sobie wyobrazić krowę albo jakieś inne zwierzę biorące do pyska palącą się słomę, wdychające dym i wypuszczające je przez nozdrza?”[73].

Konie nie piją alkoholu, no – może z wyjątkiem klaczy w *Misiu* Stanisława Barei.

– No, Łysa! Twoja dola! Ciągnij do dna![74]…

Ale są zwierzęta niestroniące od używek. I wbrew powszechnej opinii nie chodzi o śpiące przez dwadzieścia godzin misie koala odżywiające się liśćmi eukaliptusa; one są ospałe i leniwe, bo

---

[73] Ten cytat i kolejne w rozdziale za *21 wypowiedzi pisarzy o papierosach*, booklips.pl/zestawienia/21-wypowiedzi-pisarzy-o-papierosach/.

[74] Paluch do Łysej, częstując ją czystą wyborową.

mają niewielkie móżdżki. Chodzi o renifery na przykład, które zjadają halucynogenne muchomory czerwone, i od nich ten zwyczaj przejęli podobno szamani ludów Północy. Indianie Amazonii poszli z kolei w ślady jaguarów, które żują kłącza liany z gatunku *Banisteriopsis caapi*. Słonie chętnie zjadają sfermentowane owoce maruli. I ponoć częściej to robią w depresji, kiedy tracą partnera życiowego. Ale słabość do tych owoców mają również guźce, małpy i antylopy. I po takiej uczcie cała sawanna hula do białego rana! W Indiach słonie i makaki nawet dopuszczają się pijackich burd... kiedy mają sposobność dorwać się do alkoholu odebranego ludziom. Duży pociąg do substancji odurzających wykazują niemal wszystkie zwierzęta laboratoryjne: szczury, myszy, króliki, psy i małpy. Okazuje się nawet, że ta słabość nie jest tylko cechą ssaków. Jeszcze u papug pociąg do alkoholu tak bardzo nie dziwi, bo przecież i gadają po ludzku, i zadają się z piratami. Ale to, że nawet pszczoła potrafi się ubzdryngolić po fajrancie, już może zadziwić. Ma potem problem z odnalezieniem drogi do ula, a kiedy ją w końcu odnajduje, to jest wyrzucana przez strażniczki robotnice, by doprowadziła się na zewnątrz do porządku... Jeże z lubością natomiast wyjadają tytoń ze znalezionych papierosów.

Nie można być jednak pewnym do końca, czy zwierzęta szukają sztucznych podniet, czy tylko pożywienia. Być może robią to więc z głodu. Również w celach leczniczych. No, chyba że siedzą w warunkach laboratoryjnych. Jako więzień, na którym dokonuje się okrutnych eksperymentów, każdy pewnie wolałby popaść w nałóg.

Ale odbiegłam od tematu mojego dzisiejszego nikotynowego ekscesu. Tak czy siak, byłam niezadowolona. Lecz jeden papieros wiosny nie czyni. Raz na jakiś czas przecież i tak sobie zapalę. Na przykład na widok Kąckich od razu mam odruch palenia i picia coca-coli. A zresztą, czym się przejmować? „Rzucić palenie? To łatwe. Robiłem to ze sto razy" – pisał Mark Twain.

Szukając usprawiedliwienia dla dzisiejszego wybryku, natknęłam się na lepszych od siebie adwokatów tego nałogu. Oto pochwała o charakterze antropologicznym: „Palenie to przede wszystkim gest, teatr, przedstawienie. Ścisła rytualna forma wypełniana rozmaitą treścią. Pantomima identyczna na całym świecie. Wspólnota. Religia. Jesteś po drugiej stronie kuli ziemskiej, podajesz komuś papierosa i od razu wszystko wiadomo. Człowieczeństwo. Abstynenci są jak zwierzęta: nie wiedzą, jak się zachować na obcym terenie. Jak ateiści na mszy"[75].

I następna, prawie psychiatryczna: „Dla mnie papierosy są rodzajem swoistego panaceum na depresję, pomagają mi uwolnić się od złych czy smutnych myśli. A więc palę, także wtedy, kiedy pracuję, i palę, jak panowie widzicie – teraz, gdy rozmawiamy. Jedyny problem to taki, że papierosy zabijają. Ale kto wie, czy bez palenia sam nie zabiłbym się już dawno temu"[76].

---

[75] Andrzej Stasiuk.

[76] Kurt Vonnegut.

12 marca 2015 r.

NAUCZYCIELE

Jadąc Puławską w drodze do szkoły, mijam miejsce, gdzie przez lata mieścił się zakład: Józef Czubak – krawiectwo męskie. Może mylę imię... ale chyba nie.

Kiedy byłam w drugiej klasie liceum, miałam mocną czwórkę z matematyki na semestr. Dobra ocena z tego przedmiotu w moim przypadku była tym bardziej osobliwa, że dotąd ledwie wyciągałam dostateczną, i to w ostatniej chwili poprawiając się jakąś anemiczną trójką z odpowiedzi przy tablicy. Zresztą potrafi mi się to przyśnić do dziś. Aż tu nagle... W naszej szkole pojawił się nowy nauczyciel. Młody, chyba prosto po studiach, musiał odpracować rok, tak jak to w tych czasach było – oddać dług socjalistycznej ojczyźnie za bezpłatną wyższą edukację. Nosił się modnie i zagranicznie, czym ekscytowały się dziewczyny. Jeździł chyba alfą romeo, czym imponował chłopakom. Mówiło się, że jest spadkobiercą zakładu krawieckiego z ulicy Puławskiej. Czy tak było, nie mam pojęcia. W każdym razie nauczyciel miał luźny styl bycia, podszyty nawet pewną nonszalancją zmieszaną ze specyficznym poczuciem humoru.

W programie mieliśmy wtedy logikę, którą tłumaczył z taką lekkością, iż ja, chociaż tuman, uwierzyłam, że jest łatwa. Potem zniknął z naszej szkoły. Może już odrobił socjalistyczną pańszczyznę? Choć pamiętam, iż szeptano, że to z powodu ładnej brunetki z maturalnej klasy, z którą wszedł w niepedagogiczną relację. Przypuszczam, że to dziewczyny wymyśliły tę plotkę, bo same chciały z nim jeździć tą alfą romeo. Chociaż nie wiem… może to jednak było mirafiori? A może mam zbyt silne skojarzenie z przebojem z tamtych lat?

Ragazzo da Napoli zajechał mirafiori
Na sam trotuar wjechał kołami
Nosem prezent poczułaś, już taka jesteś czuła
Że pomyślałaś o nim – Bel ami[77]

W podstawówce byłam całkiem niezła z fizyki – i to też tylko za sprawą ekscentrycznego nauczyciela, którego uwielbialiśmy. Nawet prawie pełnoletni gitowiec, który wciąż miał obowiązek szkolny, przychodził tylko na fizykę. Choćby po to, żeby nakarmić rybki i wyczyścić akwarium, które fizyk pozwolił mu trzymać w swojej klasie. Pamiętam gruby warkocz mojej pierwszej wychowawczyni, pani Basi Kos, i jej prawie macierzyńską cierpliwość dla nas siedmiolatków z I a, a może z I b…? Zapamiętałam też tych wesołych i pełnych entuzjazmu. Ale i tych przytłoczonych, zrezygnowanych naszą tępotą oraz głupimi psikusami. A tym bardziej tych, co

[77] *Ragazza da provinzia*, słowa Jacek Zwoźniak, muzyka Drupi.

za karę wyrzucali za drzwi, choć i wspierali w trudnych chwilach. Wszyscy w jakiś sposób mieli wpływ na nasze życie i na wspomnienia z dzieciństwa.

No i tu niestety znowu muszę zgodzić się z Reginą Brett. Ostatni cytat, trzeba komuś oddać te książki...

„Większość z nas nie będzie sławna, za to niektórzy ludzie na naszej drodze pozostaną niezapomniani. Zostawią po sobie niezatarty ślad. Ci ludzie to nauczyciele (...) większość osób pamięta najwyżej garstka ludzi, za to nauczycieli do końca życia pamiętają tysiące byłych uczniów”[78].

Włączam radio. Dziś dzień matematyki. Dlaczego akurat 12 marca? Podobno data wzięła się z popularnego powiedzenia: „Liczę do trzech! Raz, dwa, trzy!”.

No to się wstrzeliłam tym rozdziałem. A Gustaw dostał dzisiaj piątkę z klasówki z geometrii. Tego pewnie nie zapamięta. Ale swojego pana od matematyki na pewno. Raz, dwa, trzy! Cztery, pięć!

[78] Regina Brett, *Bóg zawsze znajdzie ci pracę. 50 lekcji, jak szukać spełnienia*, przeł. Olga Siara, Insignis, Kraków 2014.

13 marca 2015 r.

ZACHOWAĆ TWARZ

„Kult młodości, dla którego świat oszalał, obrócił się przede wszystkim przeciw kobietom. Zrobił z nas zahukane babcie albo potwory, histerycznie goniące za tym, co naturalnie przeminęło”[79].

Co to dzisiaj znaczy „zachować twarz”? Czy jeszcze chodzi o honor? Czy już tylko o zmarszczki? A właściwie ich brak. Zachować twarz, czyli napchać ją botoksem? Podciągnąć rysy, ukryć metrykę. Zachować twarz czy poddać się misji reaktywacji młodości?

Ja po prostu przestałam patrzeć w lustro.

Starych wkrótce będzie więcej niż młodych, marketingowcy zadbają więc, aby wiek późnodojrzały stał się cool i trendy. A ze starych ludzi uczynić chłonny target konsumpcjonistów. Już widać pierwsze symptomy tego zjawiska, czyli wykorzystywanie do reklam kobiet 80+. Piękny gest szacunku i ukłon w stronę starości w dobie juwenalistycznego totalitaryzmu? Bynajmniej. Trzeba starym też wyciągnąć oszczędności z kieszeni i zachęcić do brania kredytu na kupno nowej markowej torebeczki.

---

[79] Dorota Wellman [w:] Anna Szulc, *Wiek jako wstydliwa choroba*, „Newsweek” nr 11/2015.

17 marca 2015 r.

SMAK POZIOMKI

Wstałam dzisiaj z takim jakimś poczuciem szczęścia... To może za dużo powiedziane, przesadziłam. Ale z jakąś nadzieją na odzyskanie chociaż części swojego dawnego życia. Perspektywą, że latem pojadę nad Bałtyk i będę głęboko oddychać jodem.

– Oddychaj, Moniczko, oddychaj, powietrze morskie jest bardzo zdrowe...

Na Mazurach, upalnym popołudniem, w suchym sosnowym lesie znajdę aromatyczne, pełne słodyczy poziomki. Podzielimy się nimi z Guciem, tak jak kiedyś dzieliła się ze mną mama.

Pamiętam opowiadanie Iwaszkiewicza o spóźnionej poziomce, której smak przypomina jeszcze o lecie, ale czasu nie cofnie.

„Biorę ją do ust. Jest słodka, a zwłaszcza wonna. Zapach jej, jeden z najdoskonalszych zapachów świata, napełnia mi podniebienie. I przywodzi na myśl czerwiec, kiedy jest najwięcej poziomek.

I wtedy dopiero spostrzegam, że to już nie jest czerwiec. Że każdy miesiąc, każdy tydzień, dzień nawet ma swoją osobną barwę. Że łudzę się, myśląc, iż nic się nie zmieniło. Zapach poziomki plastycznie mi uprzytomnił, jak inaczej było przed kilku miesiącami:

drzewa były inne, śmiech nasz inny, słońce inne i niebo. Powietrze było inne, bo niosło w sobie czerwcowe zapachy. A teraz jest wrzesień i nic tego nie ukryje. (...) Tak samo wydaje się, że nie zmieniliśmy się od chwili, gdy jako osiemnastoletni ludzie spojrzeliśmy jasno na świat (...) [a] Wystarczy jednak przeczytać jeden list pisany w dniach młodości, aby przekonać się, jak się mylimy. Inne powietrze bije z linii tego listu, powietrze, którym oddychaliśmy za młodu"[80].

Aż trudno uwierzyć – Iwaszkiewicz pisał to w wieku trzydziestu jeden lat.

Jest czas dojrzewania w bardzo młodym wieku i ma on charakter bardziej fizyczny. Jest czas przemijania, czyli akceptacji nieuchronności czasu, ale skoro go coraz mniej, to może zamiast *memento mori* raczej *carpe diem*. Bez maniakalnego udawania młodości i imitacji dawnej urody i sprawności. Ze stoickim spokojem przyjmować nieuniknione, ale i piękne w naturalnej jesieni. Nigdy nie będzie tak jak dawniej. Nigdy nie będzie tak jak dziś...

Jest taki czas, kiedy woli się wieczory od poranków. Kiedy przyjemniej jest coś kończyć, niż zaczynać. Jesień przynosi ulgę, a wiosna niepokój. Deszcz uspokaja, a słońce nerwowo ponagla. Długie kąpiele zamiast pośpiesznych pryszniców i wielki kubek herbaty zamiast mocnego espresso.

Nie spełnię już swoich dawnych marzeń, ale być może wydarzą się jeszcze zupełnie inne, dobre rzeczy. Dwa lata temu nie myślałam, że pisanie stanie się moim głównym zajęciem.

---

[80] Jarosław Iwaszkiewicz, *Poziomka* [w:] *Prozy duże i małe. Wybór opowiadań*, Świat Książki, Warszawa 2001.

22 marca 2015 r.

NIEOBECNOŚĆ

Siedzę nad tą kartką od ponad godziny. Właściwie książka już skończona. Zostały drobiazgi do dopisania. I pełno małych poprawek.

Jakaś część mnie się wyrywa do przodu. Chce gnać jak pies gończy za tropem w lesie. Odetchnąć do głębi, zatracić się, zanurzyć w czymś nowym. A z drugiej strony wciąż mam przed oczami skuloną postać mamy. Bezbronną, bezradną, samotną. Kiedyś tak autonomiczną, a teraz bez ojca niepełną, jakby sobie niepotrzebną. Nie wiem, jak jej pomóc, bo kiedy jadę do domu rodziców, to wtedy znowu dotkliwie odczuwam n i e o b e c n o ś ć. Pusty zielony fotel, wyłączony telewizor i brak nowych gazet. Gdy stamtąd wychodzę, to mam wrażenie, jakbym sama była zamknięta w czarnej teczce ojca. I świadomość, że obie z mamą, że obie w tej naszej wspólnej samotności – osobne i samotne pozostaniemy.

GOTOWA NA MIŁOŚĆ

Myślę o nim, choć jeszcze go nie znam. Tak bym chciała pójść z nim na długi spacer po wiosennym deszczu. Rozumieć się bez słów, patrzeć sobie w oczy. Wracać do domu ponaglona świadomością jego tęsknoty. Słyszeć jego oddech obok mnie nocą. Poczuć jego głowę na moich kolanach i gładzić ją, gdy wieczorem czytam książkę na kanapie. Jestem gotowa na nową miłość... Chcę znowu mieć psa.

24 marca 2015 r.

JAK ŻYĆ?

Zdrowo czy przyjemnie? Raczej stawiam na to drugie. Palić, leniuchować z książką, napić się wina z przyjaciółmi... A jednak wygniotłam się tej zimy, zatęchłam przed komputerem. Wypełniłam się intelektualnie i emocjonalnie, więc może by zrobić coś dla ciała. Żeby się dało taką wiosenną wylinkę... Żadne tam jakieś kwasy hialuronowe. Po prostu całkowita zmiana skóry jak u węża. Najpierw schować się na jakiś czas przed ludzkim spojrzeniem, nawet przestać jeść, i czekać – póki skóra nie zmatowieje i nie zrogowacieje. Pełna dotychczasowych ran, zabrudzeń i pasożytów wreszcie będzie mogła być zrzucona niczym brudna skarpeta.

A potem wypełznąć znów na powierzchnię. Lśniąca i zwinna. Naprężyć mięśnie, popływać. No i co – dieta? Bawi mnie zdrowotny puryzm naszych czasów. Kiełki, koktajle oczyszczające, kasza quinoa i inne ortoreksyjne natręctwa. I żeby było zdrowe, musi być bardzo drogie, wtedy lepiej działa. Obsesja kontroli wagi. Cudownych zabiegów u azjatyckich specjalistów. Ziół o magicznym działaniu odnawialności komórek. Iluzja, że mamy kontrolę nad tym, jak długo będziemy żyć. A potem, bęc i sto pięćdziesiąt osób, zapewne zdrowych i może odżywiających się według najmodniejszych zaleceń dietetyków, ginie nagłą i niespodziewaną śmiercią we francuskich Alpach. Zresztą co się mam wysilać, i tak lepiej nie napiszę niż Łukasz Orbitowski.

„Myślę sobie teraz, że może za dziesięć, dwadzieścia lat papieros znów będzie symbolem buntu, niezależności i braku pokory, znakiem niezgody na ten obłęd zdrowia: na fitness, dietetyczne żarcie, kremiki pod oczy oraz jogging, na to żałosne przejęcie się własną kondycją, na to wielkie kłamstwo, że starość, śmierć nie istnieją, że można być młodym do setki tylko po to, by po szwajcarsku przefrunąć do raju expandera, gdzie dusza zmienia się w drink proteinowy”[81].

No to zaparzę sobie zieloną herbatę, dzięki czemu będę żyła 0,02 sekundy dłużej. A w sumie to najbardziej niezdrowe jest życie. Bo jak mówił Stanisław Jerzy Lec: kto żyje, ten umiera.

---

[81] *21 wypowiedzi pisarzy o papierosach*, booklips.pl/zestawienia/21-wypowiedzi-pisarzy-o-papierosach/.

28 MARCA 2015

7.20. Sobota. Jak cicho. Tylko słychać wiosenne ptasie wzmożenie. Wczoraj po południu zagrzmiało, zaburczało, pociemniało... I spadło ledwie kilka kropli. Burza strzeliła tylko focha i naburmuszona odpłynęła gdzieś na zachód. Szkoda, lubię powietrze dotlenione burzą i spłukane deszczem. Głęboko oddychać.

Przez lata jeździłam do rodziców na sobotnie obiady. Ojciec o to zabiegał, mama ani ja aż tak za tym nie przepadałyśmy. Najbardziej cieszył się Boluś, poganiając mnie szczekaniem w samochodzie, kiedy już orientował się, że minęliśmy klinikę weterynaryjną i zmierzamy w stronę ogródka. Brałam sukę rodziców i z dwoma psami szłam na spacer po parku Królikarni czy wokół skoczni. Patrzyłam, jak zmienia się moja dziecięca przestrzeń. Potem przyszedł czas, że zabierałam ze sobą Gucia, który lubił znęcać się nad chwastami, specjalnie zostawianymi przez babcię dla niego w ogródku. Tak to jeszcze było niedawno... Dla mnie niedawno. Jednak dla mojego syna trzy lata to niemalże jedna czwarta jego życia. Dla babci trzy lata to jakby wczoraj.

– Powiedz, mamo, czy tęsknisz czasem za ojcem?

– Bardzo, każdego dnia, bardzo.

– A za czym najbardziej?

– Że nie mogę z nim porozmawiać, że nie mogę o coś zapytać, co wspólnie razem przeżywaliśmy. I teraz w pamięci brakuje mi jakiegoś fragmentu, który był związany z naszym wspólnym życiem.

– Co byś chciała z nim powspominać?

– Wspólne życie, które trwało tyle lat. Mam dużo dowodów na to, że bardzo mnie kochał. Mam rozczulające listy. Nikt by nie uwierzył, że ich autorem jest twój ojciec.

– Czytasz je czasem?

– Nie mam odwagi. Bo rozkleję się zupełnie.

Biorę do ręki kopertę z grubego zielonego plastiku. Wyjmuję stamtąd pożółkłe kartki, przeglądam. Pismo ojca, co charakterystyczne, litery pisane też zielonym atramentem. Tyle tej zieleni w naszej rodzinie…

Basieńko – Kochanie!

Serdecznie Ci gratuluję. Jesteś niezwykle dzielna dumny jestem z Twojej postawy. Dziękuję Ci z całego serca za naszą maleńką Córeczkę. Zobaczysz – życie pokaże, że tak właśnie jest najlepiej.

Cieszę się, że wszystko odbyło się bez najpoważniejszych zabiegów oraz jak twierdzą lekarze bez komplikacji dla Twego zdrowia.

Odpoczywaj, wracaj do sił i do szybkiego zobaczenia. Całuję Cię mocno.

Twój Wojtek
11.08.63

To list, który ojciec napisał w dniu moich urodzin do mamy do szpitala. Zastanawiam się nad zdaniem „Zobaczysz – życie pokaże, że tak właśnie jest najlepiej". Czy chodziło o wątpliwości mamy co do decyzji o posiadaniu dziecka? Czy też o to, że nie urodziła upragnionego syna?

Rok później ojciec pisał:

Warszawa 11.08.64

Moje Bardzo Kochane
Finiu i Puciuńku!

Z okazji naszego radosnego święta – pierwszej rocznicy urodzin Puci-Moniczki całuję Was gorąco i życzę wiele szczęścia!

Wasz „Tata"

POWRÓT DO SZAFY

„Można powiedzieć, że w symboliczny sposób, wchodząc w dorosłe życie, znowu weszłam do szafy. Tym razem do wielkiej szafy – garderoby, którą jest świat mody. Życie w tej garderobie było ucieczką od polityki i tego wszystkiego, co wiązało się z przeszłością. Tu wyrobiłam sobie pozycję, tu zarabiałam na życie i na własne nazwisko"[82]. No i w pewnym sensie do szafy wkrótce wracam.

Oddech jest zakończeniem pewnej historii, tak jak *Towarzyszka Panienka* była wstępem, a *Rodzina* rozwinięciem. Każda kolejna byłaby już reality show. Dlatego następna książka będzie o modzie. Ale o modzie inaczej. A jak – zobaczycie. W każdym razie wracam do szafy, i to w interesującym towarzystwie młodego polonisty z Uniwersytetu Warszawskiego. Nowa książka, nowy rozdział, nowe inspiracje...

„Związek między oddychaniem a stanem umysłu potwierdzamy świadomie lub nieświado-

---

[82] Monika Jaruzelska, *Towarzyszka Panienka*, Czerwone i Czarne, Warszawa 2013.

mie, mówiąc, że zachwyt zapiera nam dech w piersiach lub że wstrzymujemy oddech w oczekiwaniu na jakieś wydarzenie, a kiedy po okresie wyczerpania znów podejmujemy działanie, nazywamy to łapaniem drugiego oddechu. Mówiąc, że ktoś aspiruje do czegoś, czyli ma nadzieję na osiągnięcie jakiegoś celu, posługujemy się słowem wywodzącym się od łacińskiego *spirare*, czyli »oddychać«"[83]. Tę samą genezę ma słowo „inspirować", które określa stan twórczej energii i motywację. Można również „ciężko westchnąć", zrzucając z pleców emocjonalne troski. No właśnie, i zacząć nowy rozdział, nowe inspiracje...

83 Stella Weller, *Oddech w psychoterapii*, rozdz. *Oddychanie a psychika*, Gdańskie Wydawnictwo Psychologiczne, Sopot 2012.

4 kwietnia 2015 r.

ŚWIECE I ŚWIĘCONKI

Wielka Sobota. Powązki wojskowe. Palemka i znicz dla ojca. Bazie dla Józka. Stare Powązki. Wielkanocny wieniec z żonkili i lampka dla babci. Duży ruch na cmentarzach, zanim zaczniemy święcić i świętować, odwiedzamy tych, którzy już z nami nie poświętują. Strasznie zimno, niby wiosna, ale grabieją ręce. Skądinąd to ciekawe słowo „grabieją". Szczególnie na cmentarzu – „grabarzom zgrabiały graby". Co za głupoty mi chodzą po głowie?...

Potem zakupy z Guciem i jego kompanią z klasy, Olą, Antkiem i Gawłem, do kina i do jordanka. Jak to dobrze, że tak się zakolegowałam z mamą Antka. Mądra kobieta, lubię z nią rozmawiać. Pod wieczór dostaję bardzo miłego esemesa, który mnie ucieszył. Jakoś to będzie... Przed snem czytam świąteczną prasę. Chyba nie przepadam za Wielkanocą. Trudno mi uwierzyć w zmartwychwstanie, a nawet zanim zostałam matką, obrazy Piety masakrowały mi serce. Matka rozpaczająca po męczeńskiej śmierci syna. Nie mogę sobie wyobrazić – a tym bardziej nie próbuję – czegoś okrutniejszego. Boże miłosierdzie...? No nie wiem. Miłość macierzyńska. Wiem!

Dobry tekst w „Rzeczpospolitej" Bogusława Chraboty.

„(...) Zmartwychwstanie? To odległa przyszłość. Śmierć jest tu i teraz, z całą swoją przerażającą dosłownością. Droga, którą idzie do niej Chrystus w Wielkim Tygodniu, to droga każdego z nas. (...) Świat współczesnej duchowości odkłada perspektywę zbawienia jako sprawę abstrakcyjną lub co najmniej odległą. A śmierć i cierpienie są namacalne, powszechne. To druga strona tego, co uważamy za życie.

I dlatego Wielkanoc ugina się pod ciężarem męczeństwa. Tak to czuję, choć wiem, że to herezja"[84].

---

[84] Bogusław Chrabota, *Czas śmierci Zbawiciela*, „Rzeczpospolita", „Plus – Minus" 4-6 kwietnia 2015.

5 KWIETNIA 2015

Niedziela. Wielkanoc. Jadę po mamę. Na świątecznym stole świecą żółcią tulipany. Zmartwychwstanie. Życie. Jajka. Kiełbasa i żurek. Na deser zamiast mazurka sernik. No i herbatka, oczywiście. Gustaw dzielnie mi pomaga.

Piszę ten rozdział zielonym pisakiem. Zeszyt się kończy. To nic. „Jeszcze w zielone gramy, jeszcze nie umieramy"[85]... Zamknięta krzywa czasopodobna.

Słyszałam pierwszy oddech mojego syna i ostatni oddech mojego ojca. Czas się domknął.

[85] *Jeszcze w zielone gramy*, słowa Wojciech Młynarski, muzyka Jerzy Matuszkiewicz.

Zamiast epilogu

Wojciech Hańbowski – autor książek *W cieniu zmarłego obiektu* oraz *Tożsamość psychoanalityka i inne studia przypadków*. Jeden z założycieli pierwszych organizacji psychoanalitycznych w Polsce. Psychoanalityk szkoleniowy Polskiego Towarzystwa Psychoanalitycznego, były Prezes tego Towarzystwa. Członek International Psychoanalytical Association, członek korespondent British Psychoanalytical Society, członek Europejskiej Podkomisji ds. Rozwoju Nowych Grup Psychoanalitycznych w International Psychoanalytical Association. Prowadzi prywatną praktykę psychoanalityczną dzieci i dorosłych.

Monika Jaruzelska: Jak psychoanaliza rozumie różnicę między żałobą a melancholią, czyli jak by się dzisiaj powiedziało: między żałobą a depresją?

Wojciech Hańbowski: Freud pisał o tym w swojej pracy pod takim właśnie tytułem: *Żałoba i melancholia*, w pracy, która z jednej strony jest niesłychanie prosta, pomocna, ale i... jednocześnie trudna. Freud zauważa, że żałoba i melancholia są reakcją na utratę obiektu miłości. Podkreśla przy tym, że obiektem miłości nie musi być osoba, a utrata nie musi oznaczać śmierci. Może polegać na stracie idei albo wyobrażenia o jakiejś osobie. Człowiek reaguje na to żałobą i depresją. Freud daje przepiękny opis żałoby i tego, co się wtedy dzieje. Kiedy w żałobie opłakujemy osobę, którą utraciliśmy, uświadamiamy sobie istotę naszej straty. Jest to niesłychanie trudne, ale Freud mówi: „Dzięki temu, że jest bolesne, możemy sprecyzować, co straciliśmy, i spróbować odnaleźć to gdzie indziej. A wtedy żałoba się dokonuje". Przy czym żałoba nie jest opisywana jako proces, który dokonuje się raz na zawsze. Żeby odnaleźć to, co utraciliśmy, musimy mieć cały czas świadomość tego braku. To inspiruje nas do odnajdywania utraconego w naszych działaniach. Na przykład możemy założyć, że pani pomysł napisania książki autobiograficznej, poruszającej również kwestie społeczne i bieżące, wiąże się z chęcią odtworzenia zdarzeń, ludzi i doświadczeń, które już minęły. Dzięki temu, że może je pani sobie przypomnieć, sprecyzować, stają się inspiracją do pracy twórczej.

A czym różni się depresja od żałoby? Według Freuda w depresji również mamy do czynienia z utratą obiektu miłości. Z tym że w depresji nie jesteśmy tego świadomi, ponieważ bolesny proces opłakiwania tego, co straciliśmy, jest wtedy niedostępny. Dlatego, że obiekt, który straciliśmy, staje się częścią nas. A żal o to, że go nie ma, powoduje wrogi stosunek do nas samych. Freud uważał, że stąd wynikają takie objawy depresyjne jak samooskarżenia, samookaleczenia...

...samobójstwa...

Samobójstwa są w gruncie rzeczy aktem wrogości adresowanym nie tyle do nas samych, co do kogoś w nas, kogo nienawidzimy. Freud twierdzi, że depresję cechuje zaprzeczenie w gruncie rzeczy utraty obiektu, ponieważ to, co tworzy depresję, jest identyfikacją ze zmarłym obiektem.

Bardzo dobry przykład daje Karl Abraham, psychoanalityk niemiecki, który należał do grona najbliższych uczniów Zygmunta Freuda. Opisuje pacjentkę, która trafiła do szpitala z powodu ekstremalnych samooskarżeń, zupełnie nierealistycznych – że jest złodziejką. Nikt nie mógł jej przekonać, że niczego nie ukradła. Ona uważała się za złodziejkę, sama się poniżała i obrażała. Okazało się, iż była bardzo związana z ojcem, który dokonał jakichś kradzieży, za co trafił do więzienia. Abraham przedstawia jej przypadek jako typowy przykład identyfikacji, który tworzy depresję. To znaczy obiekt, który ją rozczarował – ojciec – stał się nią samą. W ten sposób jakby brak ojca został zaprzeczony i oskarżenia, które do niego były adresowane, w tym momencie adresowane były do niej samej. Jest to również dobry przykład depresji niezwiązanej ze śmiercią ukochanej osoby, ale wynikającej z rozczarowania nią.

Pamiętam ze swojej wczesnej młodości, czy nawet dzieciństwa, pewną gloryfikację żałoby. Tak się mówiło najczęściej o kobietach – na przykład pani X w powstaniu straciła narzeczonego i już nigdy w życiu nie związała się z żadnym mężczyzną. Był też kult wiecznej wdowy, o której mówiły jej dzieci: „Mama, choć była jeszcze młoda, gdy zmarł

ojciec, skupiła się na naszym wychowaniu". Pamiętam kobiety chodzące w czerni, do końca życia codziennie odwiedzające grób męża. W dzisiejszej zamerykanizowanej kulturze mamy do czynienia z przeciwieństwem tego zjawiska. Musimy myśleć pozytywnie, uprawiać sport, z rozmachem patrzeć w przyszłość...

Wydaje mi się, że pani dotyka bardzo istotnej sprawy. To znaczy cierpienia, które nie wiadomo, czy daje się osadzić w depresji, czy w żałobie... Cierpienie jest zjawiskiem, które można by nazwać azylem psychicznym. To taki stan, który – pomimo dyskomfortu i bólu – z drugiej strony ma pewne „zalety". Człowiek cierpiący zazwyczaj znajduje jakieś uzasadnienie dla swojego stanu. Zwykle to cierpienie wynika z czyjejś niegodziwości albo straty, tak jak w pani przykładzie – śmierci ukochanego. Ale ta strata nie mobilizuje do dalszego życia i poszukiwania, odnalezienia tego, co straciliśmy. Ona tylko mobilizuje do wycofania się z życia.

To rodzaj alibi?

To jest stan przede wszystkim chroniący przed ryzykiem, które nieodłącznie przynosi nam życie. Do którego życie zaprasza. Jeśli chcemy korzystać z tego wszystkiego, co życie proponuje, musimy często zdobyć się na kroki, których rezultatów nie jesteśmy pewni. Taki stan cierpienia pozwala też na wygodę w postaci jakiejś wyższości moralnej. To znaczy, że jeśli cierpię, bardzo często jestem pozbawiony tego wszystkiego, co ludziom bardzo trudno znieść, na przykład poczucia winy. Cierpienie też może nieść ze sobą odczucie uszlachetniające. Można więc powiedzieć, że jest stanem umysłu, który izoluje nas od życia, od poszukiwania i odzyskiwania tego, co straciliśmy.

Mam wrażenie, że dzisiejsza kultura, czy też popkultura, wywiera na nas pewien nacisk – przymus szczęścia, które jest rozumiane jako życie bez problemów, lęków czy trosk. Taki stan maniakalny, który atakuje nas z wszystkich mediów, reklam...

Stąd bardzo często spotyka się w codziennych stosunkach ludzkich powierzchowność, brak pogłębionej refleksji i tolerancji na to, że coś może się nie udać, ktoś jest bezradny czy nieporadny. Czyli że na wszystkie trudności powinno się natychmiast mieć jakiś środek zaradczy, choćby tym środkiem miała być tylko zdolność do ignorowania tejże trudności.

Pamiętam moje spostrzeżenia z początku lat dziewięćdziesiątych, kiedy mieszkałem w Londynie – bardzo ruchliwym i tętniącym życiem mieście. Kiedyś odwiedzałem kolegę na północy Anglii i byłem zdziwiony, gdy widziałem ludzi siedzących na ławkach i rozmawiających ze sobą. Po pierwsze mieli czas, po drugie mieli ochotę na rozmowę. To mi przypomniało czasy mojego dzieciństwa. Wychowywałem się w małym mieście, w Pabianicach. Jedna ulica, dom obok domu, ludzie spokrewnieni ze sobą. Po pracy siadali na ławkach w ogrodach, rozmawiali, a gdy temat się wyczerpał, zapadało dziesięciominutowe milczenie, które zwykle było kończone stwierdzeniem: „No i tak to jest...". Była to forma bezpośredniego kontaktu, ludzie czuli swoją obecność, niekoniecznie poprzez jakieś konkretne porady, tylko po prostu przez fizyczny kontakt i rodzaj bliskości, którą się odczuwało poza słowami. Bardzo trudno w tej chwili znaleźć coś takiego. Nie tylko w Warszawie, ale i w mniejszych miastach. Ludzie siedzą przy komputerach, telewizorach, jest taki model życia konsumpcyjnego, czyli wiele dóbr, które chciałoby się mieć. Myśli się o tym, jak na to zarobić, jak wziąć kredyt, jak spłacić ten kredyt... To wszystko wypełnia kontakty międzyludzkie.

W rozdziale *Miłość/nienawiść* napisałam, że poradzenie sobie z utratą obiektu nienawiści może być trudne jak utrata obiektu miłości. I tak jak jesteśmy nieutuleni w żalu, to możemy być nieutuleni w gniewie.

Doświadczenie kliniczne pokazuje, że nic tak nie łączy człowieka z człowiekiem jak nienawiść. Zemsta trzyma przy życiu – i ofiary, i katów. Proszę zwrócić uwagę: żeby się pozbyć nienawiści, trzeba najpierw wybaczyć temu, kogo nienawiść dotyczy. To znaczy trzeba mu powiedzieć coś w rodzaju „rozumiem twoją wrogość".

A co do relacji rodzinnych, to jest pewien świetny artykuł psychoanalityczny Johna Steinera o urazie. Pokazuje on, że paradoksalnie to miłość do rodziców pozwala się z nimi rozstać. Pozwala pójść w swoje życie. Powiedzieć: „Byliście, jacy byliście, nic do was nie mam, idę swoją drogą". Natomiast ciągłe rozdrapywanie ran – mój ojciec był taki, moja matka była taka – często powoduje, że nie można sobie ułożyć życia. Ponieważ to życie okazuje się być jakby rozwijaniem uczucia typu: „Zobaczcie, co mi zrobiliście, jak ja teraz cierpię, jak mi przez was nic nie wychodzi". Cały czas ten człowiek tkwi w koszmarnym dzieciństwie, aby w jakiś sposób ukarać rodziców.

Nienawiść w gruncie rzeczy krępuje ruchy. To oznacza, że jak chcemy komuś coś udowodnić, zemścić się na kimś, nie możemy mieć wtedy własnych pomysłów i działać samodzielnie.

W swojej poprzedniej książce *Rodzina* napisałam nawet o tym rozdział, który nazywa się *Antidotum*. Odwołuję się tam do słynnej książki Susan Forward *Toksyczni rodzice*, która u wielu osób spowodowała tworzenie sobie alibi dla własnego nieudanego życia. Ale wracając do pierwszego pytania: czy można właściwie przeżyć żałobę, aby nie przerodziła się w depresję? Wielu psychologów o tym pisze...

Można naprawdę bardzo cudowne rady sklecić na ten temat. Lecz chodzi o to, że gdyby te rady miały być skuteczne, to same książki byłyby już wystarczającym antydepresantem. Człowiek przeczytałby książkę i już by mu depresja przechodziła.

Te książki to rodzaj ściągawek z życia – poradniki dotyczące wszystkiego. Na przykład książki Reginy Brett, osiągające milionowe nakłady. Bardzo ciekawe jest to, że ona wykorzystuje wszystkie mechanizmy psychologiczne, być może nieświadomie. Przeżyła faktycznie bardzo wiele, i z tego

wyszła. Teraz pisze na ten temat poradniki, w bardzo amerykański sposób – z afirmacją szczęścia. Podstawową rolę dla niej też odgrywa Bóg, który zawsze człowiekowi pomoże...

Pewien amerykański psychoanalityk, Albert Mason, który wcześniej był dermatologiem, leczył egzemy hipnozą – i miał znakomite rezultaty. Po podaniu komendy, żeby egzema ustąpiła, ona ustępowała. Wszystko to opisał w prestiżowym piśmie medycznym „The Lancet". Kiedy został psychoanalitykiem, zaczęło go interesować, dlaczego to działało. I zrobił taki eksperyment: podzielił pacjentów na kilka grup. Każda miała innego lekarza hipnotyzera, który wydawał komendy. I co się okazało? Że w grupie, w której lekarz wydawał absurdalne komendy, w ogóle niezwiązane z chorobą, egzema ustępowała. Pod warunkiem jednak, że komenda była podawana przez lekarza bliskiego pacjentom.

Wszystko zależało od więzi emocjonalnej?

Otóż to. Każdy człowiek potrzebuje mieć omnipotentny obiekt obok siebie. I stąd wniosek, że człowiek stworzył Boga. Freud bardzo ładnie w *Totemie i tabu* pisze, że najpierw człowiek zaczynał od tego, że sam czuł się wszechmocny. Miał życzenie uśmiercenia kogoś, to go zabijał. Potem wbijał coś w lalkę i zaczynał wierzyć, że ktoś umarł. Następnie zdecydował się oddać część tej wszechmocy, bo gdy zaczął się rozwijać, zobaczył, iż nie jest taki wszechmocny. Wtedy oddał tę siłę duchowi, Bogu... Freud mówi, że to nie jest naukowy, lecz religijny światopogląd. Tam, gdzie się wierzy, że jest jakaś wszechmoc, z którą mamy dobre stosunki, z nami też będzie dobrze.

Mason udowodnił, iż pacjent tego właśnie potrzebuje od lekarza. Chce widzieć go wszechmocnym do tego stopnia, że potrafi usunąć własną egzemę, aby czuć omnipotencję obiektu. Do czego zmierzam? Że na tym polega moc tych poradników – człowiek potrzebuje mieć omnipotentny obiekt. I taka naiwna książka, o której pani mówi, właśnie takim obiektem się staje. I możemy o autorze powiedzieć, że wiele przeżył, ale wyszedł z tego, a dzisiaj radzi innym. Tylko że to nie siła tych rad przemawia, a raczej nasza wola, żeby mieć omnipotentny obiekt obok siebie.

Czy pan jako psychoanalityk widzi jakieś rozróżnienie między pacjentem wierzącym a niewierzącym?

Tu jest następna ciekawa rzecz. Wielu psychoanalityków zadaje to pytanie: jak można być efektywnym psychoanalitykiem, będąc człowiekiem wierzącym? Dam pani przykład. Jest pacjent, który boi się śmierci. Psychoanalityk powie mu, iż to lęk przed śmiercią. Że pacjent ma pięćdziesiąt lat, przekroczył połowę życia i boi się nadchodzącego końca. A jeśli ten psychoanalityk jest wierzący, to dlaczego mu nie powie, że jest życie po śmierci, które będzie mógł kontynuować? Jednak żaden dobry psychoanalityk, wierzący czy nie, tego nie zrobi. Otóż psychoanaliza odkryła tak zwany *splitting*, czyli rozszczepienie, które nie musi być defektem funkcjonowania człowieka. Wręcz przeciwnie, może być czynnikiem integrującym. Analityk może mieć prywatną sferę, właśnie opartą na religii, która daje mu poczucie integracji, i nie musi prowadzić żadnych działań ekumenicznych w stosunku do pacjenta. Tylko go normalnie analizować. Może istnieć jako analityk, który analizuje lęk przed śmiercią pacjenta jako lęk przed tym, że się życie kończy i nic po nim nie ma. A prywatnie wierzyć, iż jego życie będzie kontynuowane po śmierci.

Ale ja pytam o pacjentów. Czy zauważa pan, że do psychoanalityków częściej przychodzą osoby wierzące, czy też takie, które zwątpiły?

Jest różnie, aczkolwiek zdarzają się sytuacje, gdy pacjent boi się, że myślenie, które przynosi analiza, naruszy jego system wiary. Nie jest to częste zjawisko, ale istnieje.

Chciałabym jeszcze powrócić do problemu samobójstwa. Zastanawiam się, czy samobójstwo brutalne, dokonane ze szczególnym okrucieństwem, nie jest potrzebą ukarania samego siebie? I na odwrót – łagodne odejście, na przykład dzięki lekom, może być aktem miłości własnej, aktem łaski i wybaczenia sobie.

Czasami siły szuka się w instynkcie śmierci. Czyli identyfikacji z siłą, która jest silniejsza niż zmaganie się z życiem.

Jestem obecnie bardzo poruszony, bo teraz w Instytucie Studiów Psychoanalitycznych im. Hanny Segal wydajemy między innymi biografię Freuda napisaną przez zafascynowanego psychologią austriackiego pisarza Stefana Zweiga. Jest to pierwsza biografia Freuda, pisana jeszcze za jego życia. Freud był dość sceptyczny, bo się bał, że ktoś, kto jest z nim tak związany, napisze złą biografię.

I co szalenie ciekawe – Zweig w 1934 roku wyemigrował z Austrii. Najpierw do Wielkiej Brytanii, potem Stanów Zjednoczonych, na koniec do Brazylii. Z początkiem 1942 roku popełnił w Brazylii samobójstwo... Najpierw dochodzi do władzy Hitler, zaczyna się prześladowanie Żydów, a Zweig był austriackim Żydem. Potem następuje Anschluss, czyli wchłonięcie Austrii do Trzeciej Rzeszy. Wybucha wojna. 23 września 1939 roku umiera Freud. Od lat cierpiał na raka szczęki. Poprosił przyjaciela, Maksa Schura, aby go do końca nie opuszczał. To oznaczało, że ma mu pomóc odejść. Przyjaciel zaaplikował dawkę morfiny, po której Freud zmarł bez odzyskania przytomności... Chyba rozumiem, dlaczego Zweig chciał sobie odebrać życie, zresztą – ze swoją żoną oboje przedawkowali barbiturany. Dlatego, że cały świat, który go cieszył, przestał istnieć. Jednocześnie był przerażony, że niemiecki nazizm rozprzestrzenia się na całym globie. Psychiatrycznie na to patrząc, można powiedzieć, że to klasyczna sytuacja, gdzie wszystkie jego obiekty wewnętrzne – ludzie, których kochał – umarły. Jednocześnie był autorem niemieckojęzycznym i cierpiał z tego powodu. Bo niemiecki zaczął mu się kojarzyć z przemocą.

Wydaje nam się, że mamy kontrolę nad swoim życiem – to nam się próbuje wmówić. A tak naprawdę te dwa najważniejsze momenty

życia, narodzin i śmierci, od nas nie zależą. Natomiast akt samobójczy może okazać się aktem wolności, dania sobie władzy, kontroli, zdolności sprawczej.

Ale trzeba pamiętać, że często jest to władza iluzoryczna polegająca na wrażeniu, iż ma się lekarstwo na życie. Tym lekarstwem jest odebranie tego życia.

Bardzo ważną kwestią dla mnie, ale i dla wielu osób, z którymi rozmawiam, a które również straciły kogoś bliskiego, jest pewne poczucie winy. Związane z bardzo określoną rzeczą: że w jakiś sposób nie pożegnały się z tą osobą, tak jakby była idealna recepta pożegnania. Poza tym często ma się takie odczucie, że osoba umierająca, czy też po prostu stara lub śmiertelnie chora, ma potrzebę porozmawiania o śmierci, swoim odchodzeniu, o lęku... a my boimy się tej rozmowy, uciekamy przed nią, a potem zostajemy z poczuciem, że ten ktoś zwyczajnie się bał i trzeba było stanąć na wysokości zadania, aby jakoś mu pomóc. Tak jakby się sprawdzała słuszność tytułu książki Hansa Fallady *Każdy umiera w samotności*.

Wydaje mi się, że to nieprawda, iż każdy umiera w samotności. Zacznę jednak od tej drugiej strony, na którą w swojej pracy klinicznej zwracam teraz szczególną uwagę. Na potrzebę doświadczenia transcendencji podczas zbliżania się do śmierci. Przy czym chodzi o transcendencję rozumianą w taki zwykły, ziemski, niemistyczny sposób. Jak pokazuje nasza praca kliniczna i obserwacje, pierwszą interakcją człowieka, który się urodził, jest oczywiście kontakt z matką czy z piersią matki. I możemy zauważyć oraz założyć, że dziecko, gdy wychodzi z łona matki, jest narażone na ogromny lęk. Wtedy pierwszy kontakt z matką, przebywanie w jej ramionach może ten lęk złagodzić, ponieważ daje dziecku wrażenie, jakby było z powrotem przez matkę pochłonięte. To jest pierwszy czynnik łagodzący u człowieka lęk przed śmiercią.

Kiedy dziecko się rodzi, to tak, jakby bało się śmierci. Bo przez dziewięć miesięcy żyło w całkiem innym świecie i to życie nagle brutalnie zostało przerwane. Podobnie jest w przypadku nas, ludzi dorosłych, bojących się śmierci...

W pracy analitycznej przyjmujemy, że okres starzenia zaczyna się już stosunkowo wcześnie, bo pod koniec pięćdziesiątki. To, co dziecku daje poczucie bezpieczeństwa i łagodzi jego lęk przed śmiercią, w podobny sposób działa w okresie starzenia się. To poczucie, że nie całkiem się umrze, jeśli pozostanie się w kimś. Pewna koleżanka ze Stanów Zjednoczonych odwiedzała stuletniego lekarza w domu opieki. Na pytanie, jak się czuje, mówił, że źle. Nękał go koszmar: że wychodzi z pokoju, przez otwarte drzwi, ale niczego tam za drzwiami nie ma. Po kilku konsultacjach ten stary człowiek powiedział, że jego samopoczucie się poprawiło, koszmar przestał go nękać. Co więcej, odnosi wrażenie, że za drzwiami tego pokoju, w którym przebywa, jest jakby drugi pokój. Kilka dni później zmarł. Wcześniej doświadczył jednak tego, że może pozostać w umyśle drugiej osoby. Dzięki kontaktowi z psychoanalityczką poczuł, iż ktoś był ciekaw jego spraw, jego historii.

Pani podkreśliła, że czasami ludzie, którzy zbliżają się do śmierci, potrzebują rozmowy. Jest to potrzeba rozmowy samej w sobie, ale i poczucie jak gdyby odzyskania tego świata i miejsca w nim. Potrzeba transcendencji, przeniesienia swoich myśli, swojego stanu umysłu do umysłu kogoś innego. Można powiedzieć, że wtedy jest łatwiej umrzeć. Bo się ma wrażenie...

...że nie wszystek umrę.

Tak, że nie wszystek się umiera. Wspomniała pani również o poczuciu winy – że można było zrobić coś więcej dla umierającego. Problem polega na tym, że realistycznie rzecz biorąc, nie można znowu aż tak dużo. Że nie da się zatrzymać czyjejś śmierci ani uczynić jej lepszą. Nawet jeśli retrospektywnie wydaje się, że coś można było zrobić lepiej. Zapewne były powody, dla których tego się jednak nie zrobiło.

Sądzę, że tym, co jest ważne, ale i trudne do zrozumienia w depresji albo w procesie żałoby związanej ze śmiercią ukochanego obiektu, jak my to nazywamy w swoim żargonie – jest to, na co Freud zwracał istotną uwagę, czyli poczucie triumfu. Freud wskazywał na pewien czynnik, który reguluje nasze życie psychiczne niezależnie od czynników zewnętrznych. Twierdził, że nasze życie jest kierowane zasadą przyjemności. Chcemy czy nie, nawet gdy wpojono nam najbardziej altruistyczne idee, to i tak nasza nieświadomość będzie się kierowała dążeniem do przyjemności. Dlatego w pewnym momencie nasze ego mówi, że już dość. Już nie chcę służyć dłużej temu martwemu obiektowi – on zmarł, ale ja żyję! I to pozwala przezwyciężyć i depresję, i żałobę. Pozwala zauważyć, że obok jest życie, które się chce chwycić za rogi. Jednocześnie chcąc się już odwrócić od tego, kto umarł. To trudny moment w sensie psychologicznym. Okupiony bardzo dużym poczuciem winy. Pojawiające się wtedy wyrzuty sumienia są właśnie formą takiego poczucia winy i ponownego uhonorowania zmarłego. Co oznacza ponowne odwrócenie się od życia w kierunku osoby, która zmarła.

Zapewne są też przypadki, że to poczucie winy już nigdy nie pozwoli komuś powrócić do żywych.

Jeśli poczucie winy związane z osobą zmarłą jest zbyt duże, a jednocześnie zbyt trudne do zniesienia, może się przerodzić w formę permanentnej żałoby czy permanentnego cierpienia. Wtedy cień zmarłego obiektu cały czas musi roztaczać się nad życiem osoby żyjącej.

Dla Freuda i całej psychoanalizy bardzo ważne są sny. Podobnie jest w ludowych wierzeniach... Starsze osoby lubią rozmawiać o tym, że śnił im się ktoś zmarły. Jaka jest funkcja snu, który przywołuje nam postać zmarłego?

Klasyczne stwierdzenie Freuda mówi, że sen jest spełnieniem życzenia. Można więc powiedzieć, że zmarły, który nam się pojawia we śnie, nie do końca umarł. Dlatego że cały czas jesteśmy z nim w kontakcie... No jest po prostu duchem, a sen jest pewną duchową przestrzenią, w której on żyje. Freud w *Totemie i tabu* bardzo zabawnie to ujął: że pierwszym wynalazkiem teoretycznym ludzkości są duchy. I mówi, iż wzięły się stąd, że po prostu zazdrość ludzka powodowała nieświadome, a czasami świadome życzenie, na poziomie pierwotnym albo gdzieś w głębi naszej psychiki...

...życzenie śmierci?

...życzenie śmierci wobec bliskich, co automatycznie musiało prowadzić do poczucia winy. Natomiast wiara w to, że ten, kto umarł, nie umarł całkiem, tylko gdzieś żyje, łagodzi to poczucie. Co więcej – regularne pojawianie się tej osoby w snach jest dowodem zaświadczającym o tym życiu. Sen w takim razie staje się pewnikiem, że ten ktoś żyje w innym wymiarze.

Czyli możemy mieć wtedy trochę mniejsze poczucie winy?

Tak, oczywiście. Tym bardziej że zazwyczaj te osoby, które się pojawiają jako duchy, mają nękający charakter... Freud wyjaśniał to w ten sposób, że robią nam to samo, co myśmy im zrobili. Znaczy, że nie mają w stosunku do nas lepszych życzeń, niż myśmy mieli w stosunku do nich, co powinno uwalniać nas od poczucia winy.

Na pewno w pana praktyce, jak i wielu psychoanalityków, jest to chyba jedna z trudniejszych rzeczy do przepracowania – żeby ktoś się sam przed sobą przyznał,

że podświadomie komuś bliskiemu życzył śmierci.

Zazwyczaj impulsy agresywne czy wrogie idą w parze z miłosnymi. W związku z tym wbrew pozorom nie jest tak trudno to sobie uświadomić. Choć rzeczywiście, jeśli te impulsy były bardzo agresywne z powodów sytuacyjnych czy też charakterologicznych, na pewno nie jest to najlepsza wiadomość, która dociera gdzieś do naszej świadomości.

Po co nam poczucie winy?

Możliwość odczuwania winy nie jest taka zła. Choćby dlatego, że może inspirować do różnych naprawczych działań. I kto wie, czy tego typu poczucie winy i naprawcze działania nie legły u podstaw powstania psychoanalizy. Jak wiadomo, Freud początkowo eksperymentował z kokainą, uważając ją za doskonały środek na różnego rodzaju dolegliwości. Rekomendował ją także przyjacielowi, który miał amputowaną kończynę, ale cierpiał na bóle fantomowe, czyli wciąż go ta ręka bolała. Więc prawdopodobnie to Freud stworzył pierwszego w Europie człowieka uzależnionego od kokainy. Co skończyło się nieszczęśliwie, ponieważ tenże przyjaciel, bardzo obiecujący doktor, zmarł. Freudowi nie dawało to spokoju właściwie do końca życia. Też wspominał o jakichś zjawach, duchach, w których rozpoznać można było jego przyjaciela. Może więc to doświadczenie legło u podstaw wynalezienia metody terapeutycznej wolnej od środków farmakologicznych czy narkotycznych.

Powróćmy do żałoby. Jak rozmawiać z osobami starymi, które właśnie straciły kogoś najbliższego i nie do końca przyjmują do wiadomości tę realną stratę? Pozwolić im tkwić w swoich iluzjach czy jednak próbować skonfrontować z realną sytuacją?

To niesłychanie trudne. Uczucie utraty, a zwłaszcza utraty życia, czy lęk przed śmiercią, jest właściwie najtrudniejszym do zniesienia ludzkim uczuciem. W związku z tym aparat psychiczny każdego człowieka ma różnego rodzaju środki do złagodzenia takiego stanu. Bardzo częstym środkiem, jakby odwracającym doświadczenie utraty, jest możliwość przemienienia tego w sytuację prześladowania. Ból psychiczny człowieka nie polega wtedy na tym, że kogoś stracił, tylko na złości albo poczuciu krzywdy, że ktoś mu coś zabrał. I że to jest nieprzyjemna sytuacja, mocno niekomfortowa, ale w jakimś sensie lepsza od uczucia utraty.

Całkowitej utraty.

Tak. Dlatego że uczucie utraty wiąże się zawsze z jakimś poczuciem naszej bezradności. Natomiast uczucie prześladowania najczęściej przynosi wrażenie, że jeśli ten prześladowca zniknie, może zostać przywrócony stan równowagi czy szczęścia.

To znaczy, że uczucie prześladowania może na przykład wiązać się z trzecią osobą?

To nawet jest w jakimś sensie typowe albo częste u ludzi starszych czy się starzejących. W żargonie psychiatrycznym kiedyś nazywało się to niełądnie „urojeniem okradania”, mogącym mieć bardzo różne przejawy. Czasami niesłychanie abstrakcyjne, czasami bardziej prawdopodobne. Natomiast zawsze przy bliższym przyjrzeniu się, możemy zauważyć, na czym polega to uczucie: że życie okrada nas z życia.

Coś tracimy i tego czegoś jest coraz mniej, jesteśmy okradani...

W różny sposób może się to objawiać. Na przykład oskarżeniami, że młodzi coś zabierają starszym albo że ktoś jest niegodziwy czy w jakimś sensie nastaje na nas. Chce oszukać, wyrzucić z mieszkania, zamordować... Jednak kiedy poddamy ten problem analizie, okaże się, że mamy do czynienia z rodzajem świadomości, iż nasze życie się kurczy. Jedni godzą się z tym bardziej i mówią: „Takie jest życie. Każde życie kończy się śmiercią...". A drudzy powiedzą: „To straszna niesprawiedliwość. Ktoś nam zrobił świństwo". Umysł, który może przeskoczyć z opłakiwania straty w stan, w którym musi się bronić przed jakimiś atakami, kradzieżami, zdradami, jest umysłem, który zaprzecza temu, co jest najbardziej bolesne, czyli świadomości śmierci.

Bardzo typowy w okresie starzenia się jest stan umysłu przez lekarzy rozpoznawany najczęściej jako demencja. Jednak pracując z tymi pacjentami, możemy się przekonać, że to, co wydaje się demencją, w istocie jest jakąś formą depresji. Chodzi o stan, w którym umysł jest otępiały i odurzony, tak że nie rejestruje żadnych ekstremalnych uczuć i często rozpoznawany jest jako zmiana organiczna. W przeważającej liczbie przypadków jest to pewien rodzaj letargu na gruncie psychicznym.

Wciąż mam potrzebę drążenia pewnego tematu. Nie ma odpowiedzi na pytanie, jak się pożegnać. Czy rozmawiać z odchodzącymi o śmierci?

Bardzo ważna jest nasza obecność przy człowieku, o którym wiemy, że zbliża się do śmierci. I tu bym podkreślił: ważna jest nasza g o d n a obecność. To znaczy taka, w której godzimy się z tym, mimo że jest nam trudno, i tolerujemy to, bo taka obecność może być bardzo pomocna. W odróżnieniu od obecności, w której nie mogąc się pogodzić ze stratą, wytwarzamy atmosferę jakiejś szarpaniny. Często to ma charakter nadmiernego szukania szpitali, lekarzy, jakichś środków, które by w sposób cudowny odmieniły bieg wydarzeń. Taka nadmierna szarpanina, próba zaprzeczenia tego bolesnego faktu, że ktoś odchodzi, może jakby zgubić ten moment właśnie g o d n e g o kontaktu, skądinąd w ludzkiej sprawie, którą jest umieranie.

A wystarczyłoby choćby wspólnie pomilczeć?

Na przykład. Choć to wydaje mi się trudne z dwóch powodów. Po pierwsze, te czasy są szalone, o czym już mówiliśmy. Wszyscy się śpieszą, są uwikłani w różne zobowiązania i tak dalej. Po prostu model społeczeństwa konsumpcyjnego osłabia więzy międzyludzkie.

Ale tego nie zmienimy.

Jest jeszcze jedna trudność związana z rodzajem pretensji do życia i do ludzi będących jeszcze przy życiu, która towarzyszy niektórym starym ludziom. Czasami ta pretensja przybiera tak duży rozmiar wrogości i zawiści, że wywołuje nawet jakieś stany urojeniowe. Takie osoby są bardzo trudne w kontakcie, bardzo trudno jest z nimi wytrzymać – i wytwarza się błędne koło. Ich niepokój nam również się udziela. Nie potrafimy ze spokojem przyjąć tego, co się dzieje.

***Oddech* zaczynam refleksją o narodzinach mojego syna i śmierci ojca. I to podwójne doświadczenie paradoksalnie przyniosło mi rodzaj kojącego smutku...**

Moim zdaniem pani zilustrowała to, czym się tak zachwyciłem u Freuda. Jeśli jesteśmy świadomi uczuć, które mieliśmy w stosunku do tych, którzy odeszli, możemy je odnaleźć w stosunku do tych, którzy żyją. Choć to jest zawsze bolesne, trudne, ale jednak możliwe.

Spis treści